1분 메모의 힘

ZEROBYO SHIKOU

by Yuji Akaba

Copyright © 2013 Yuji Akaba

Korean translation copyright ©2025 by Billybutton

All rights reserved.

Original Japanese language edition published by Diamond, Inc.

Korean translation rights arranged with Diamond, Inc.

through BC Agency

이 책의 한국어판 저작권은 BC에이전시를 통해 저작권자와 독점계약을 맺은 빌리버튼에 있습니다.
저작권법에 의해 한국 내에서 보호를 받는 저작물이므로 무단전재와 복제를 금합니다.

일의 감각을 깨워
압도적 성과를 이루는 결정적 기술

1분 메모의 힘

| 아카바 유지 지음 | 이영미 옮김 |

빌리버튼

머리말

 열심히 하는 것 같은데 실제로는 앞으로 나아가지 못하거나 제자리걸음만 했다는 사람이 의외로 많다. 신경 쓰이는 게 있으면 머릿속 생각이 잘 정리되지 않고 사고가 좀처럼 깊어지지 않는다. 생각하려 해도 당장 코앞에 닥친 과제를 처리하느라 급급하다. 집중해서 생각할 수 없기 때문에 갈팡질팡하고 결론을 내리지 못한다. 시간을 들여도 사태를 깊이 꿰뚫어 보지 못해 다람쥐 쳇바퀴 돌듯 다시 원점이다.
 깊은 생각은 고사하고, 조금이라도 긍정적으로 바라볼 수 있다면 그나마 다행이다. 이도 저도 아닌 상태로 과제의 문턱에서 괴로워만 할 뿐 머뭇거린다. 꽤 많이 고민하고 생각한 것 같아도 실제로는 진전이 없는 상태다.

애당초 대부분의 사람은 어떻게 하면 깊이 생각할 수 있는지 잘 모른다. '좀 더 곰곰이 생각해 보세요', '그 생각은 좀 얕아요'라는 지적을 듣고서야 비로소 깊은 사고가 필요하다는 사실을 깨닫는다. 깊이 생각하면 뭔가 멋진 게 떠오를 것 같긴 한데, 대부분 그 구체적인 방법을 잘 모른다. 어렴풋이 구상해 보지만 별로 자신이 없다.

돌이켜 보면 초등학교 때부터 생각하는 훈련과 생각을 효과적으로 정리하는 활동이 거의 이뤄지지 않았다. 자신의 생각을 정리하는 방법에 관한 교육은 국어 시간에 조금 다뤄졌을 뿐, 그 외에는 거의 이뤄지지 않았다. 수업 중에 하는 발언도 선생님의 질문에 대한 대답이 대부분을 차지한다. 서로 다른 의견을 제시하며 토론을 주고받게 유도하는 경우도 거의 없다. 사정이 이렇다 보니 사고를 확장시키는 방법이나 고민 대처법에 관련된 교육은 더더욱 이뤄지지 않았다.

일상적인 대화를 하거나, 책을 읽거나, 인터넷을 이용할 수 있는 사람이면 대체로 머리가 좋다. 스트레스나 심리적인 압박에 취약한 사람은 있지만, 누구나 자기 생각과 판단력을 갖고 있기에 의견을 펼칠 수 있는 환경이 주어지면 얼마든지 발언할 수 있다. 깊고 얕은 생각의 차이는 분명히 있겠지만, 이 또한 대화를 주고받는 사이에 발전한다. 연령, 학력, 성별, 경험 등에 따른 차이는 생각보다 거의 없다.

그럼에도 불구하고 많은 사람이 스스로에게 자신감을 갖지 못해서 타고난 능력을 발휘하지 못하고 아깝게 썩히고 있다. 이것은 너무나 안타까운 일이다. 마음을 정리하고 생각을 그러모아 깊이 있게 만드는 방법이 있다면 누구나 성장할 수 있다. 당연히 커뮤니케이션 고민이 줄고 업무 능력도 향상된다. 불필요한 괴로움에서 해방된 삶을 살아갈 수 있다.

나는 컨설팅 전문 회사인 맥킨지에서 14년간 경영 개혁 업무에 종사했고, 2000년부터는 벤처기업을 공동 창업해서 경영 지원에 매진해 왔다. 경영 개혁이란 기업이 직면한 경영 과제를 정면으로 파고들어 수익 개선, 조직 개혁, 신규 사업 설립, 인재 육성 등을 진척시키는 일이다. 사장, 사업부장, 부장, 과장 같은 지도층과 협력해서 의식 및 행동 개혁을 추진해 나간다. 직원의 전투력이 회사의 미래를 크게 좌우하므로 한 사람 한 사람의 인재가 매사를 더욱 깊게 사고하고, 해결책을 세우고, 철저하게 실행할 수 있도록 성장시켜야 한다.

이와 함께 대학교에서 벤처 관련 강의를 하고, 학생들을 상담한다. 그리고 사업 계획 콘테스트 등 다양한 활동을 통해 알게 된 사람들과 대화를 나눌 기회도 자주 가졌다. 다행히 그런 업무적 몰두와 많은 사람과의 관계 속에서 생각을 깊게 하고 마음을 정리하는 효과적인 방법을 고안해 낼 수 있었다. 학생이든 사회인이든, 남성이든 여성이든, 학력이 높든 학력이 낮든, 국적이 어디든 상관없다. 누구에게나 놀라울 만한 효과를 발휘한다.

그 방법은 머리에 떠오르는 생각을 잇달아 메모로 써 나가는 것뿐이다. 단 노트나 컴퓨터에 정리하는 게 아니라, A4용지에 1건당 1페이지 분량으로 쓴다. 느긋하게 시간을 들여서 쓰는 게 아니라 1페이지를 1분 이내에 바로 쓴다. 매일 10페이지씩 쓰고 파일에 넣어 재빨리 정리해 둔다. 이것만으로도 맥킨지의 프로그램에서도 가르쳐 주지 않는 가장 기본적인 사고력을 충분히 연마할 수 있다.

지금부터 그 구체적인 방법을 소개하겠다. 〈1장〉과 〈2장〉에서는 잠들어 있던 생각을 깨우고 빠르게 정리하는 방법과 메모 한 장의 가치를 설명한다.

〈3장〉과 〈4장〉에서는 머릿속과 마음속을 정리하는 메모 쓰기의 구체적인 방법과 활용법을 소개한다. 마지막 〈5장〉에서는 메모 정리 방법과 앞으로의 방향성을 제시한다. 한시라도 빨리 '메모 쓰기'를 시작해서 빠르게 생각하고 똑똑하게 실천해 원하는 목표에 도달하길 바란다.

차례

머리말 ··· 4
한국어판 서문 ································ 12

1
잠들어 있던 생각을 깨워라

머릿속에 떠오른 이미지나 감각을 말로 바꾸기 ········ 20
자유롭지만 명확한 언어 사용을 목표로 삼는다 ········ 26
말의 중심적 의미와 미묘한 어긋남을 파악하라 ········ 31
얕고 겉도는 사고를 피하자 ·························· 36
'심사숙고'도 '말만 하는 것'도 어렵긴 마찬가지다 ····· 42

2
메모 한 페이지의 가치

시간을 들인다고 생각이 깊어지는 것은 아니다 ········ 48
인재들의 성공 비결 ···························· 52
궁극의 목표는 0초 사고 ························ 57
빠른 사고와 정보수집의 함정 ···················· 61
1분이면 충분하다 ····························· 66
경쟁력을 높이는 최고의 생각 도구 ················ 71

3
머릿속, 마음속을 정리하는 메모의 기술

한 장으로 끝내는 메모 정리법 · 86
제목 쓰는 방법 · 88
본문 쓰는 방법 · 98
떠오른 생각은 뭐든 다 쓴다 · 113
메모는 A4용지 이면지에 · 117
매일 10페이지씩 쓴다 · 119
떠오른 순간 바로 쓴다 · 122
노트나 일기장에 집착하지 마라 · · · · · · · · · · · · · · · · 128
메모 쓰기의 최적화 도구 · 132
마음에 담지 말고 메모로 표현하라 · · · · · · · · · · · · · · 135
상황별·요구별 메모의 제목 · 138

4
일의 결과를 바꾸는 메모 활용법

메모는 깊이 파고들수록 효과적이다 ················ 166
한 가지 주제에 관해 다각적으로 써라 ············· 177
메모의 발전형 ····································· 184
메모와 로직트리의 관계 ···························· 187
메모를 바탕으로 기획서를 완성하라 ··············· 190
팀원이나 가족과 함께하라 ························· 203

5
메모의 가치를 재발견하는 정리법

클리어파일에 나눠서 정리한다 ···················· 208
파일 분류를 재검토한다 ··························· 214
메모, 그 후 ·· 217

맺음말 ·· 222

한국어판 서문

 맥킨지에 들어간 지 3년이 지난 무렵, 서울의 LG그룹 경영혁신 프로젝트 팀에 배정을 받았다. 그때까지는 한국 음식을 좋아하는 것 말고는 한국과 접점이 전혀 없었다. 하지만 그 후로 완전히 한국 팬이 되었고 친구도 여러 명 생겼다. 그리고 이것은 나의 경력과 업무 능력 향상에도 지대한 영향을 준 프로젝트가 되었다.
 3개월 예정으로 시작된 서울 배정이 반년에 이르렀고, 그해 12월에는 1년 활동으로 늘어났으며, 다음 해 12월에는 또다시 1년이 연장되어서 결국은 10년간이나 지원 활동을 거들 수 있었다. 그동

안 세계 각지의 맥킨지 사무실에서 100명이 넘는 컨설턴트를 불러들여, 비전·전략 입안, 조직 개혁, 신상품 개발, 수익성 향상, 영업력 강화 등 다양한 프로젝트를 추진했다. 거대한 규모와 철저한 수행 능력은 전 세계 맥킨지 중에서도 월등히 두드러져서 널리 알려지게 되었다.

LG그룹은 회장님이 몸소 앞장서서 확고한 의지를 가지고 경영혁신 프로젝트를 지휘했다. 그 당시 그룹 경영의 중심핵이었던 패밀리 멤버를 포함한 최우수 인재 중에서 다수의 전문 경영자를 육성하고 자율 경영을 실천했다.

나중에 LG전자의 CEO가 된 남용(南庸) 씨가 그 당시에는 이사였다. V-추진본부 리더로서 회장님의 경영 목표를 바탕으로 어떻게 하면 LG그룹을 빠르게 성장시킬지, 어떻게 경영혁신을 추진해 최고의 간부를 길러낼지 최우수 구성원들과 매일같이 토론을 거듭해 나갔다.

내가 맥킨지에서 10년간의 시간을 오롯이 한국에, 특히 LG그룹의 경영혁신에 몰입할 수 있었던 이유는 그룹 회장님을 비롯해 그 아래에서 든든하게 지원해 준 회장단과 V-추진본부의 존재가 큰 힘이 되었기 때문이다. 새로운 경영혁신 시도들을 잇달아 만들어 내고, V-추진본부 구성원 육성에 전력을 쏟으며 LG그룹 각 사의 경영혁신과 인재 양성에 매진했다.

맥킨지는 경영 컨설턴트 회사로서 세계 최고라 자부할 수 있다. 맥킨지 프로젝트 중에서도 특별히 경영혁신을 추진할 수 있는 실천 리더 육성에 몰두했다. 전 세계적으로 전례가 없었다. 구체적으로는 각 사에서 우수한 부장과 과장을 엄선해서 문제 파악·해결 능력을 철저히 강화하고, 커뮤니케이션 능력을 연마했다. 그리고 몇 개월간 경영혁신 프로젝트를 경험하게 했다. 주체적으로 업무 실적 개선을 추진하는 '경영혁신 추진 담당자'를 LG그룹 전체에서 수백 명 이상 양성한 것이다.

그들은 자신보다 직책이 높은 각 사의 사장에게 개혁안을 제안하고, 의식과 행동의 변화를 이끌어 내며 눈에 띄는 성과를 만들었다. 몇 개의 경영혁신 프로젝트를 경험하는 동안, 통상 업무에서는 상상할 수 없었던 수준의 최강 경영 간부가 육성되었다. 현재도 LG그룹 각 사의 간부 중에는 이 과정에서 부대끼며 성장한 분들이 많다고 들었다.

한국에서 보낸 10년간 어떻게 하면 사람이 성장할 수 있는지, 잠재력을 다 살리지 못하는 사람에게는 어떻게 자신감을 불어넣어 벽을 뛰어넘게 할지 수많은 시행착오를 거쳤다. 결론적으로 사람의 능력에는 약간의 차이가 있지만, 얼마든지 성장할 수 있다는 것이다.

전력을 낼 거라 기대하고, 환경을 정리하고, 방법을 보여주고,

활약할 수밖에 없는 장을 제공하면 사람은 무한대로 성장한다. 이런 확신을 얻은 것이 내 인생의 자산이 되었다. 14년 근무한 맥킨지를 퇴사한 지 10년이 넘었지만 여전히 벤처 경영 지원, 대기업 경영 개혁 분야에서도 근본적인 가치관과 사상의 기저로 삼고 있다. 이러한 배경을 바탕으로 《1분 메모의 힘》을 출간했다. 이 책의 주된 생각은 다음과 같다.

1. 사람은 누구나 머리가 좋다.
2. 단련하면 대부분 사람의 머리는 얼마든지 좋아진다. 또 얼마든지 성장할 수 있다.
3. 그런데 기분이 좋지 않거나 머릿속이 모호한 결과 좋은 두뇌를 발휘할 수 없다.
4. A4용지에 떠오르는 생각을 1건당 1페이지로 써 나가면 머릿속 복잡한 생각이 잘 정리된다.
5. 구체적으로는 A4용지를 가로로 놓고 제목과 날짜를 쓴다. 본문은 4~6줄, 각 줄의 글자 수는 20~30자, 매일 10페이지씩 쓴다.
6. 느긋하게 생각하면서 쓰면 순식간에 몇 분이 지나지만, 사실 내용에는 큰 차이가 없으니 1페이지를 1분에 쓴다. 고민이 많으면 20페이지도 괜찮다.
7. 매일 10페이지씩 계속 써 나가면 3주 만에 상당한 변화를 느

낄 수 있다.
8. 불과 몇 개월 만에 눈에 띄게 성장하며, 깊은 사고력은 물론 '0초 사고'라고 하고 부를 만한 궁극의 수준에 도달할 수 있다.
9. 메모 쓰기를 계속하면 문제 파악, 해결 능력, 판단력, 추진력이 극적으로 향상된다.
10. 심적으로나 정신적으로 불안한 느낌은 거의 사라진다. 감정 조절의 달인이 되고, 스트레스나 불안이 줄어 긍정적으로 살아갈 수 있다. 맡은 일에 최선을 다할 수 있게 된다.

맥킨지에 입사했을 때 매일같이 수많은 노하우를 배웠다. 그때 배운 인터뷰 방법, 보고서 정리법 등을 어떻게든 받아 적어서 정리하려고 시작한 것이 메모 쓰기의 계기가 되었다. 한국에서도 수많은 프로젝트를 어떻게 효율적으로 운용할 것인가, LG그룹 구성원들을 어떻게 성장시킬 것인가, LG그룹의 경영혁신 속도를 어떻게 높일 것인가를 하루하루 계속 써 나간 것이 바탕이 되었다.

《1분 메모의 힘》에 의거해서 메모 쓰기를 실행하면 누구나 몰라보게 발전할 수 있다. 초등학생도, 70세가 넘은 노인도, 남성이나 여성도, 고민이 많은 사람도 모두 변화된다. 게다가 A4용지에 생각을 쓰는 것뿐이라 비용이 전혀 들지 않는다. 몇 페이지만 써도 금방 효과를 느낄 수 있을 것이다. 몇천 페이지를 쓰면 마치 딴사람처럼 성장할 수 있다. 부디 지금 당장 시작하길 바란다.

1

잠들어 있던
생각을 깨워라

머릿속에 떠오른
이미지나 감각을 말로 바꾸기

먼저 사고와 말의 관계에 대해 생각해 보자. '사고는 말로 행해진다'는 것, 그리고 '감정도 말로 표현할 수 있다'는 공통점이 있다. 이를 바탕으로 머릿속에 떠오르는 이미지와 감각을 말로 바꿔보자.

머릿속은 안개가 낀 것처럼 몽롱한 상태일 때가 많다. 온갖 말들이 떠오르고, 채 완성되지 못하는 문장이 떠올랐다 금세 사라진다. 떠오른 순간 열심히 말로 바꿔본다. 말로 바꾸더라도 머릿속으로만 생각하고 끝내버리면 명확해지지 않으니 종이에 직접 써 본다. 이런저런 안 좋은 생각들이 떠올라도 개의치 말고 쓴다. '개의치 말고 쓴다'는 말은 사람의 이름이든 욕망이든 미움이든 억울함이든 있는 그대로 다 쓰라는 의미다. 왠지 기분이 안 좋을 때도 노력해서 종이에 직접 써 본다. 그렇게 하면 신기하게도 다 쏟아낸 후에는 조금이나마 긍정적으로 변한다.

예를 들면 이런 느낌이다.

부장님은 나에게 왜 그 프로젝트를 맡기지 않을까?
나한테 무슨 불만이라도 있나?
지난번에도 하고 싶다고 의사를 밝혔는데, 프로젝트를 맡기지 않았다.
맡겨만 줬으면 틀림없이 잘 해냈을 텐데.
왜 맡기지 않았을까?
이번에도 왜 맡기지 않는 걸까?
이 분야에서는 나한테 별로 기대하지 않아서일까?
그렇지만 어제는 꽤 칭찬해 줬는데. 이상하네. 의외로 나를 높이 평가하는 건가?
아, 어쩌면 다른 프로젝트를 염두에 두고 있을지도 모르지.
그런 건가? 내 생각이 너무 지나쳤나?
흠, 혼자 끙끙 앓아봐야 아무 소용없겠지.
내일 내가 먼저 물어보자!

혹은 이런 식이다.

어쩌다 남자친구랑 말다툼을 하게 됐지?

그가 신경 써서 사다 준 생일선물을 별로 기뻐하지 않아서일까?

하지만 내 취향이 아닌걸.

하필 그런 걸 살 건 뭐람!

지난번 선물도 이상했잖아.

그래도 사소한 것부터 기념일까지 기억하고 챙기는 걸 보면 꽤 노력하는 건지도 모르지.

날 진지하게 생각하는 것 같기도 하고.

아르바이트를 열심히 해서 사왔다고 했지.

내 말이 좀 심했나?

미안하다고 해볼까.

하지만 내 잘못은 아닌데. 내 취향도 아니고.

그래도 시험 준비로 한창 바쁠 텐데, 무리해서 아르바이트까지 하면서 사왔잖아.

공부와 아르바이트를 병행하긴 힘들었을 텐데.

휴.

근데 감각은 좀 떨어진단 말이야.

그래도….

미안하다고 문자라도 보낼까.

어, 답장이 왔네. 기다렸던 게 틀림없어. 문자 보내길 잘했네!

아무리 써도 기분이 나아지지 않을 때도 있을 것이다. 그러나 대부분은 아무 거리낌 없이 줄줄 써 내려가면, 끝날 무렵에는 기분이 조금은 풀리기 마련이다. 이렇게 말하면 어떻게 보일까 염려하지 않아도 된다. 누구도 개의치 않고 하고 싶은 말을 거침없이 써 내려가기 때문에 속이 시원하게 풀리는 것이다. 가슴 아픈 실연을 당해도 실컷 울고 나면 앞을 향해 나아갈 수 있는 것과 비슷하다.

이런 말까지 써도 되나 싶은 마음에 처음에는 조금 망설여지게 되지만 금방 익숙해진다. 남이 볼 수 없는 곳에 보관하면 그만이다. 누가 보는 것도 아니니 신경 쓸 필요가 전혀 없다.

'이런 것까지 써도 되나, 부끄러운데'라는 생각이 들어도 써 내려가다 보면 의외로 잘 써지는 것을 금방 알아챈다. '글을 짓다'는 표현이 있는데 정말로 그런 느낌이다. 빠르게 써 내려가며 자기 마음을 자아내는 것이다. 누구도 개의치 않기 때문에 잇달아 끄집어 낼 수 있다. 머릿속에 떠오르는 생각을 모조리 써 내려가다 보면, 글쓰기에 자신 없었던 사람도 꽤 잘할 수 있다. 대개는 너무 잘 쓰려고 의식하기 때문에 못 쓰는 것뿐이다. 순서도 표현도 신경 쓰지 않으면 얼마든지 잘 쓸 수 있다. 남의 눈을 의식하지 않으면 뭐든 다 쓸 수 있다. 특히 기분이 안 좋을 때는 끝없이 써 내려갈 수 있다.

누구나 깨어 있는 동안은 무언가를 느끼기 마련이다. 무엇이든 생각하고 어떤 이미지든 떠올리며 지낸다. 다만 그것은 순식간에 사라져 버린다. 말로 인식하기도 전에 모호한 감정으로 흩어지거나, 그게 뭔지 특정 짓지 못한 채로 잊어버린다. 일단은 그 상태로 지나가지만 답답한 원인이 해결된 것은 아니다. 개운치 않은 상황이 저절로 사라질 리 없다. 그렇다 보니 기분은 점점 더 가라앉는다.

'왠지 느낌이 안 좋아', '딱 짚어 말할 순 없지만 답답해', '왠지 싫지만 하는 수 없으니 잊어버리자'처럼 누구나 이런 기분을 느낀 적이 있을 것이다. 아니, 하루에도 몇 번씩 이런 기분이 들 수도 있다. 그 순간에는 괜찮을 때도 있지만, 마음속 깊은 곳에 답답함이 쌓여서 점점 더 무거워지기도 한다.

내가 권하는 방법은 그것을 말로 바꿔서 거리낌 없이 써 보라는 것이다. 답답한 기분을 밖으로 들춰내 버리는 것이다. 누구한테 보여줄 게 아니니 거리낄 게 전혀 없다. 답답한 기분을 글로 썼다고 해서 그것이 현실화되는 것도 아니고, 나쁜 일이 생기는 것도 아니다.

분노, 불만, 불안 같은 부정적인 감정은 생각보다 구체적이고 분명해서 말로 표현하기 쉽다. 글로 쓰는 것만 주저하지 않는다면 누구나 자유롭게 써서 털어낼 수 있다. 따라서 관건은 글로 쓰는 행위에 익숙해지느냐 마느냐에 달려 있다.

'푸념을 늘어놓고 싶지 않다', '남의 험담을 하고 싶지 않다'는 가치관을 가진 분들도 많을 것이다. 그런 마음가짐은 대단히 훌륭하다. 하지만 아무리 그렇다 해도 감정을 깨끗이 흘려보내는 건 결코 쉬운 일이 아니다. 완전하게 소화할 수 있는 사람은 거의 없다. 부정적인 감정을 회피하거나 억지로 덮어두려 해도 언젠가는 반드시 튀어나오기 마련이다. 당사자에게 풀 수 없는 경우에는 급기야 엉뚱한 사람에게 화풀이하는 굴절된 형태로 표현되고 만다. 그럴 바에는 차라리 신경 쓰지 말고 종이에 쏟아내는 게 훨씬 낫다. 물론 남에게는 보여주지 않는다. 절대 볼 수 없는 곳에 잘 보관해야 한다.

또한 일상생활이나 업무 중에 '이렇게 해보면 어떨까?' 하는 생각이나 아이디어가 떠오른다. 다른 한편으로는 '하지만 불가능하겠지', '그런 건 무리일 게 뻔해', '난 도저히 못할 거야'라는 걱정과 불안한 마음이 함께 샘솟는다. 그런 감정도 거르지 않고 전부 쓰면 된다. 말끔하게 정리하려 들지 말고 생각나는 대로 글을 써 내려간다.

그러다 보면 '이렇게 해보면 어떨까?' 하는 생각이나 아이디어의 전모가 눈앞에 드러난다. 좋게 여겼던 것, 사실은 마음이 쓰였던 것 전부 밖으로 쏟아져 나온다. 뭔가가 자꾸 마음에 걸려서 다음 단계까지 생각이 미치지 못했던 점에도 눈을 돌릴 수 있게 된다. 상사에게 제출할 기획서가 아니니 형식에 얽매이지 말고 알아차린 점부터 써 나가면 된다.

자유롭지만 명확한 언어 사용을 목표로 삼는다

이미지나 감각을 말로 바꾸는 데 익숙해지면, 차츰 자기 기분이나 품고 있는 생각을 별 어려움 없이 표현할 수 있게 된다. 하고 싶은 말이 금방 떠올라서 스트레스도 줄어든다. 이렇게 망설임 없이 계속 써 나가면 다양한 어휘를 선택해 긴 글로 표현할 수 있고, 모호했던 생각이 정리된다.

표현이 원활해지면 소통이 수월해져 업무상이나 사적으로도 메시지 전달이 쉬워진다. 꽤 분명하게 글을 쓰거나 얘기할 수 있게 되므로 스스로에게 자신감이 생긴다. 그러면 상대도 자연스럽게 긴장을 풀기 때문에 이해력이 높아진다.

커뮤니케이션은 서로 평상심을 가지고 생각을 주고받을 때 가장 효과적이다. 따라서 의사소통이 막힘없이 진행되면 여간해서는 다툼으로 번지지 않는다. 상대에게 궁금증이 있는 경우에도 이쪽 상황을 분명하게 설명한 후에 묻는 질문이라 상황이 쉽게 풀린다. 그러면 대화가 즐겁고 분위기가 유연해져 한 단계 나아간 논의가 가능해진다. 핵심에서 벗어난 질문이 좀처럼 나오지 않기 때문에 서로 기분 좋게 대화를 이어나갈 수 있다.

 이러한 커뮤니케이션이 가능해지면 회의에 편안하게 임할 수 있다. 감정을 억누르거나 과도하게 무리하지 않고도 효율적으로 메시지를 전달할 수 있다. 감정 대립이나 맞고함이 아니라, "질문하신 점에 관해서는 양쪽 회사에 좋은 결과가 나올 수 있도록 기한과 비용에 관해 충분히 확인하면서 진행하고 싶습니다", "기한과 비용 부분에서는 조율이 조금 어려울 것 같으니, 지난번에 추가 제안했던 기능에 관해서 제2단계로 연기해 주시면 대단히 감사하겠습니다"라고 명확하게 의사를 전달할 수 있다.

 조금 더 어려운 상황인 경우라도 이런 느낌이다. "지난주 기획회의에서 토론된 건은 오해가 생겨서 조금 곤란했는데, 이번에 발생한 특별한 사정을 설명했더니 상사도 흔쾌히 이해했습니다. 앞으로는 사전 확인을 꼭 부탁드립니다" 혹은 "엔지니어를 소개받는 건과 관련해서 몇 번 연락을 드렸는데 답변이 없어서 다른 쪽에서 알아보기로 했습니다. 일단 좋은 후보도 나타났으니 이번에는 소개를 안 받아도 될 것 같습니다"라는 방식으로 정중하면서도 솔직하게 표현할 수 있다. 상대의 입장을 충분히 존중하면서도 타협이나 비굴한 태도를 보이지 않아도 된다.

이처럼 원활한 커뮤니케이션을 바탕으로 회의가 건설적으로 진행되면 불필요한 응어리는 거의 생기지 않는다. 상대가 기분이 상하면 어쩌나, 혹은 언쟁이 벌어질까 두려워 말하지 못하는 초조함에서 벗어날 수 있다. 묘한 거리낌이나 억지로 꿰맞추는 조정이 없어서 기분도 좋다. 지나치게 의식하거나 조심해서 일이 꼬이는 경우가 있는데, 사전에 그런 문제를 해결할 수 있는 대화 횟수가 늘어나므로 일도 순조롭게 풀린다. 복잡하게 뒤얽힌 문제도 원만하게 조정할 수 있다.

업무 대부분은 주고받는 대화와 메일로 진행된다. 그것들이 불필요한 거리낌 없이 정확하게 오간다면 발전적으로 나가기 쉽다. 간혹 문제가 악화되는 이유는 조기에 해결할 수 있는 문제가 과도한 배려나 망설임으로 인해 대책이 늦어지기 때문이다. 방치하지만 않으면 나름대로 필요한 조치를 **빠르게** 취할 수 있다. 편안하지만 정중하고 명확히 말하게 되면 이런 문제들 역시 순조롭게 풀린다.

'정중하면서도 편안하게 커뮤니케이션을 한다'는 말이 처음에는 선뜻 와닿지 않을지도 모른다. 어쩌면 위화감을 느낄 수도 있다. 많은 사람이 과거의 실패 경험이 있어서 되도록 자신의 생각을 드러내지 않으려고 애쓰며 업무를 수행한다. 혹은 '분위기 파악을 못 하네요'라는 말을 듣지 않으려고 지나치게 눈치를 보기도 한다.

 친구 사이에서도 생각을 그대로 전했다가 난처한 문제가 생길까 봐 미리 걱정한다. 그래서 하고 싶은 말이 있어도 꾹 삼키거나, 무슨 말을 하고 싶은지 확실히 밝히지 않고 대충 흘려버리기도 한다. 상대가 어떻게 받아들일지 생각하지 않고 떠오르는 대로 입에 올리면 싸움이 벌어지는 건 분명하다. 그러나 그것은 떠오른 생각을 전했다기보다, 그 내용이 조금 일방적이었거나 한쪽으로 치우치는 관점인 경우가 더 많았을 것이다.

 결과적으로 자기 생각을 입 밖으로 내뱉는 것에 대한 망설임은 더욱 심해진다. 그런 심리 상태라면 애당초 표현을 잘할 수 없다. 표현을 잘하지 못하면 생각해 봐야 소용없다는 마음이 생겨서 생각 자체를 포기하게 된다.

 생각하는 머리를 쓰지 않는 상황에서는 성장할 수 없다. 생각으로 매사를 정리하고, 문제점을 해결해 나가지 않으면 마음도 밝아지지 않는다. 의욕은 점점 떨어지고 일도 재미없어져서 당연히 결과를 내기도 힘들다. 만약 그런 상황에 처해 있다면 지금 당장 자신을 해방시켜야 한다.

 이미지나 감각을 말로 바꿔보는 횟수를 늘리다 보면 자연스럽게 형태가 만들어진다. 말로 바꾸는 것에 대한 망설임이 사라지고 쉽게 쓸 수 있게 된다. 의외로 힘들이지 않고 쓰거나 말하게 되고, 상대의 기분을 상하지 않게 전달할 수 있다.

여기까지 오면 비로소 진정한 의미에서 '말에 익숙해지고, 말을 사용할 수 있는 단계'에 가까워진다. 밥을 먹거나 텔레비전을 보는 것처럼 자연스럽게 말을 잘 다룰 수 있게 된다. 말에 대한 두려움이나 망설임이 사라져서 자유자재로 분명하게 표현할 수 있다. 지나치게 조심하는 바람에 두뇌나 감수성을 마비시켰던 상태에서 한 발짝 크게 내딛게 된다.

말의 중심적 의미와
미묘한 어긋남을 파악하라

 사고를 언어화시켜 대화를 나눌 때 말뜻의 미묘한 어긋남에는 각별한 주의가 필요하다.
 하나하나의 말에는 중심적인 의미가 있다. 그 지역, 시대, 커뮤니티, 동료 사이에 누구나 머릿속에 떠올려 이해할 때 별 차이가 없는 말들이 있다. 가령 '아침'이라고 하면 대개는 정오 이전을 가리킨다. 대부분 점심 전까지를 의미한다고 이해할 것이다. 때로는 오후 2시까지가 아침이라고 말하는 사람이 있을지도 모르지만 많지는 않다. '아침이 언제까지인가?'라는 점에서는 별로 큰 차이가 없다.
 그러나 '아침이 몇 시부터 시작인가?'에 관해서는 사람에 따라 상당한 폭이 벌어진다. 새벽 3시경부터 일어나서 하루 일과를 시작하는 사람은 많지 않다. 반면에 6시 무렵부터 아침이라고 생각하는 사람이 있고, 9시가 넘어서 일어나는 사람은 그때부터 아침이라고 생각하는 사람도 있을 것이다.

'학교', '일', '자전거' 같은 사물의 표현은 비교적 공통된 의미를 가진다. 그 말이 가리키는 실물에는 새것이나 낡은 것도 있겠지만 그다지 큰 오해나 어긋남은 없다. '집 앞에 세워둔 새 자전거'나 '창고에 넣어둔 내가 초등학교 때 탔던 자전거' 같은 설명을 덧붙이면 그만이다. 사물의 의미는 일의적으로 정해져 있다.

또한 '괴롭다', '슬프다', '사랑한다' 같은 감정 표현 역시 애매한 듯하면서도 대부분의 사람이 비교적 비슷한 정도의 느낌을 떠올린다. 사물의 정의 정도까지는 아니지만 대체로 같은 맥락에서 감정을 이해한다.

한편 '최선을 다해', '책임감', '반드시 해낸다'와 같은 표현은 사람에 따라 그 의미가 상당히 달라진다. 각자의 기준, 가치관, 성장 배경, 주어진 환경, 성공과 실패 경험 등에 따라 다르게 받아들여지기 때문이다. 모두 자신만의 기준으로 말의 의미를 결정하며, 그것을 별로 의식하지 않고 대화를 주고받는다.

'최선을 다해'라는 말이 오전 10시부터 오후 6시까지의 노력으로 생각하는 사람이 있는가 하면, 하루 18시간 이상 몰두해야 노력이라 말하는 사람도 있다. 밤을 새워가며 일하는 게 당연하다고 생각하는 사람이 있는가 하면, 그건 말도 안 된다는 사람도 있다. 말도 안 된다는 경우도 그렇게까지 열심히 하는 의미를 모르겠다는 사람, 밤을 새워 일하면 다음 날 능률이 떨어지니 최선을 다해 매달려도 절대 밤은 안 샌다는 사람도 있다.

'책임감'은 사람에 따라서는 '무슨 일이 있어도 반드시 실행해야 한다. 내 명예와 목숨을 걸고 반드시 해내겠다'는 수준부터 '안 하면 안 되니까 어떻게든 가능한 범위에서 해볼까'라는 수준까지 다양하다. 더 심한 경우에는 말의 의미는 거의 생각하려 들지 않는 사람도 충분히 있을 수 있다.

이처럼 모든 말에는 그 지역, 시대, 커뮤니티의 대다수 사람이 통상적으로 이해하고 있는 중심적인 의미와 개인이나 서브 커뮤니티 간의 진폭이 있게 마련이다. 또한 말에 따라 그 진폭이 크기도 하고 작기도 하다. 심지어 같은 말인데도 중심적인 의미가 달라지는 때도 있다. 흰색이 흰색이 아니라 회색, 좀 더 심하면 검은색을 의미하는 상황도 생길 수 있다. 이런 점에 근거해 보면, 자신이나 타인의 말이 정확하게 무엇을 의미하는지, 무슨 의도로 발언한 것인지, 의식적으로 말하고 있는지, 무의식적으로 말하고 있는지 등 늘 생각하고 보다 깊게 이해하는 자세가 필요하다.

나아가 각각의 말뜻에 어떤 간극이 존재하는지, 평소 사용하는 의미에서 어떤 식으로 차이가 날 수 있는지, 사람에 따라 어떤 해석의 다양성이 있는지 등 항상 고려하고 깊게 이해하는 자세는 업무에서나 사생활에서나 매우 큰 도움이 된다. 단순히 도움을 주는 데서 그치지 않고, 때로는 결정적인 요소로 작용하기도 한다.

 이처럼 언어가 가진 의미에는 미묘한 어긋남이 존재하기 마련이다. 그렇기에 예리한 감각을 가지고, 그 자리에 맞는 명확한 말을 사용하는 사람일수록 설득력이 생긴다.

 즉 말에 미묘한 어긋남이 없고, 정의가 분명해서 무슨 말을 하는지 금방 이해된다. 하나하나의 설명이 모순 없이 머릿속에 쏙쏙 들어온다. '이 사람은 무슨 말을 하려는 걸까?', '무슨 의미로 하는 말일까?' 하는 고민이나 오해가 없다. 당연히 커뮤니케이션이 효과적으로 진행된다.

 혹시 주변에 알기 쉽게 얘기하는 사람이 있다면 그들의 언어 감각과 어휘 사용 등을 꼭 주의해서 관찰하길 바란다. 무작위로 말하는 것 같지만, 어휘 선택이 적확하며 미묘한 어긋남이 없음을 알아차리게 될 것이다. 그런 경우에는 설명이 이해하기 쉬울 뿐 아니라 내용 자체에도 위화감이 느껴지지 않는다. 그들의 말 하나하나가 더 머릿속에 쏙쏙 들어올 것이다. 새로운 개념을 설명할 때도 '과연 일리가 있네. 그런 거구나' 하며 명확하게 납득된다. 하나하나의 어휘 의미가 적확하며 상대방이 이해하고 있는 대로 사용한다. 혹여 다르다면 어떻게 다른지 설명해 준다. 내세우는 주장에 무리가 없고 도중에 본론에서 벗어나지도 않는다.

 그런 사람은 어휘 사용뿐만 아니라 시점과 요점도 확실해서 일도 잘하는 경우가 많다. 스스로 혼란스럽지 않기 때문에 같이 일하는 사람에게도 혼란을 불러일으키지 않고 모든 게 질서정연하게 진행된다. 부적절한 표현이나 불필요한 말도 사용하지 않아서 다른 사람의 의욕을 저하시키는 일도 없다. 어휘 사용도 진솔하고 매력적이라 많은 사람에게 호감을 얻는다. 당연히 인망 높은 훌륭한 지도자가 될 가능성이 매우 크다.

 언제나 개념이 명료해 별로 힘들이지 않고 하고 싶은 말을 한다. 자기의 의사나 감정을 쉽게 전달할 수 있어 스트레스도 거의 없다. 스트레스가 없으면 소통이 자연스럽고, 그렇게 되면 원하는 방향으로 순조롭게 흘러간다. 그것이 리더십의 원천이 된다. '머리가 좋고 일을 잘한다'고 말할 때, 사실은 언어 감각이 예리해서 그로 인한 수준 높은 커뮤니케이션 능력이 돋보일 때가 많다.

 그렇다면 언어 감각이 둔한 사람은 어떨까. 그런 사람의 말은 이해하기 어려울 뿐 아니라 생각 자체가 불확실하고 애매할 때가 많다. 자기가 말하면서도 초점이 점점 빗나가고, 초조한 마음에 의미 없는 말을 계속 떠든다. 누가 말리지 않으면 몇십 분이고 얘기가 끝나지 않는다.

얕고 겉도는
사고를 피하자

 스스로 언어 감각이 예리하고 깊이 있게 사고한다고 생각하는 사람이 많을지도 모른다. 그럼 어떤 상황에서든 현상을 재빨리 파악하고 '이것은 이러하니 이렇게 될 것이다, 그 이유는 아마도 이럴 것이다', '이에 대한 긴급 대책은 이렇게 해야 마땅하며 중기적으로는 반드시 이렇게 해야 한다'라는 식으로 생각을 정리해서 설명할 수 있느냐고 물으면, 그렇다고 자신 있게 대답하는 사람은 매우 드물다.

 팀의 생산성을 높이기 위해 대화를 나누는 경우를 예로 들어보자.

"팀의 생산성을 높이기 위해 회의시간 단축을 제안하고 싶습니다. 회의실을 사용한 후 말끔하게 정리정돈하지 않으면 곤란합니다. 여러분은 평균적으로 회의에 몇 번 정도 참석하십니까? 지금은 대체로 한 시간 반에서 두 시간쯤 걸리죠. 발언하는 사람도 정해져 있습니다. 한마디도 발언하지 않는 사람도 있습니다. 결론은 모두 빠짐없이 회의에 참석합시다."

 무슨 말을 하는지 도통 알 수가 없다. '생산성'이 어떤 의미인지, '발언권'을 어떻게 정리할지 깊이 생각하지 않았다. 때문에 '생산성을 높이자'는 말로 시작했지만, 그에 대한 대처 방식으로는 '빠짐없이 회의에 참석하자'는 핵심에서 벗어난 말로 끝내고 있다.
 물론 말뜻은 대체로 알고 있을 테지만, 하나하나의 단어가 가지는 의미를 정확하게 파악하지 못했다. 평소에 별로 깊이 생각하지 않아서 매우 비합리적이고 알맹이가 없는 메시지가 되었다. 안타깝게도 말하는 도중에 논점에서 벗어난 것을 알아채지도 못해서 결론까지 원활하게 이끌어 나가지 못했다. 당연히 주위 사람도 맥락을 따라갈 수 없으니 일이 순조롭게 풀릴 리 없다.
 이런 사람은 얘기의 요점이 모호해서 듣는 사람의 집중을 방해한다. 어떻게든 전달하려는 마음만 앞서 어색한 농담으로 분위기를 썰렁하게 만들거나, 말이 지나쳐서 상처를 주기도 한다. 오히려 상대를 대하는 데 문제를 일으키기 쉽다. 여러분 주위에도 언뜻 떠오르는 사람이 몇 명쯤 있을 것이다. 아니면 혹시 여러분 자신이 그런 사람은 아닐지 돌아보자.

반면에 논점에서 벗어나지 않는 사람의 이야기는 이런 식이다.

"팀의 생산성을 높이기 위해 회의시간 단축을 제안하고 싶습니다. 현재는 평균적으로 한 시간 반이 넘게 걸리는 회의의 빈도수가 많아졌습니다. 자칫하면 두 시간을 넘기는 회의도 꽤 있는 것 같습니다. 회의시간이 길어지는 주된 이유를 몇 가지 생각해 볼 수 있었습니다.
 첫째, 회의 목적이 명확하지 않아서 장황하게 얘기만 계속하는 점.
 둘째, 그 결과 도중에 논의에서 크게 벗어나는 점.
 셋째, 개개인의 발언이 매우 길고 결론이 불명확한 점.
 넷째, 회의 비용에 대한 개념이 부족하고, 모여서 얘기를 나누면 좋다고 믿는 점.
 이상의 사항들입니다. 그렇다면 각각의 대책을 고민해 보고 싶습니다.
 먼저 첫 번째 문제점입니다. 사실 대부분은 회의하는 목적이 그다지 명확하지 않고, 참석자도 무엇을 달성해야 할지 잘 몰라서 장황하게 얘기만 늘어놓는 경우가 많은 것 같습니다. 이 점과 관련해서는 앞으로 회의를 소집할 때 회의 개최 목적, 논의해야 할 과제, 예정 종료 시간 세 가지를 명확하게 밝혔으면 합니다. 그리고 어느 정도 개

선됐는지 다음번 회의에서 점검하면 좋겠습니다. 두 번째 문제점에 관해 말씀드리면….'

 이렇게 말하면 이해하기 쉽고 논점에서도 벗어나지도 않는다. 물론 말의 미묘한 어긋남으로 인한 혼란도 없다. 자연스럽게 리더십이 발휘되어서 문제 해결이 순조롭게 진행된다. 또한 성공 경험이 쌓여서 점점 더 훌륭한 리더로 성장해 나간다.

 이처럼 대부분은 자신이 깊게 사고한다고 여겨도 실제로는 생각이 얕고 헛도는 경우가 많다. 머리가 좋고 나쁜 차이라기보다 생각하는 훈련이 부족하기 때문이다.
 '생각이 얕다'는 말은 문자 그대로 표면적으로만 사고하는 것이다. 평소에 깊이 생각하지 않으므로 '그건 무슨 의미죠?'라고 물으면 금세 말문이 막힌다. 자기가 사용한 말이 무슨 의미인지, 상대에게 어떻게 받아들여질지, 어떻게 설명하면 좋을지 고민하지 않았기 때문에 추궁당할 문제투성이다. 이런 경우는 설명이 막히기 전에 애당초 생각 자체가 잘못된 사례도 많다.
 '헛돌기'란 제구실을 하지 못하고 표면만 맴돌다 효과 없이 끝나는 것으로, 하나의 과제를 깊이 있게 생각하지 못한다. 그렇다 보니 당연히 수준 높은 문제 해결로 이어질 리 없다. 회의시간을 단축하자는 논의 중에 왜 회의시간이 긴지, 어느 부분이 긴지, 짧게 줄이지 못하는 방해 요소는 무엇인지, 어떻게 하면 짧게 줄일 수 있는지 등 구체적인 질문과 해답을 생각하면 헛돌지 않는다. 늦든 빠르든 본질적인 문제에 바짝 다가갈 수 있다.

그런데 대부분 사람은 질문을 주저한다. 질문을 실례로 여기는 분위기가 여전히 남아 있기 때문이다. 나아가 질문을 망설이기 이전에 문제의식 자체가 부족해서 별다른 질문이 떠오르지 않는 훨씬 심각한 경우도 있다. 사고나 논의가 심층적으로 이루어지지 않으면 시간만 버리고 발전하지 못한다. 흔하디흔한 표면적인 안건에서 멈추고 만다.

왜 이런 일이 벌어질까. 안타깝지만 '깊이 있게 생각하는 훈련', '진지하게 생각하는 훈련'이 초등학교부터 대학교까지 거의 행해지지 않았기 때문이다. 학교 교육의 미비점은 이 책의 서두에서도 거론했다. 그런데 실은 내가 14년간 단련을 받은 맥킨지에서도 과제 정리, 분석, 전략 입안과 관련해서는 철저한 주입식 교육을 받았지만, '신속하면서도 심층적으로 생각하는 방법', '마음을 편하게 하고 감정을 다스리는 방법', '두뇌를 초고속으로 회전시키는 방법'은 거의 배우지 못했다. 아마도 개인기에 속하는 부분, 지극히 기본적이라고 여겨지는 부분은 당연히 익혔을 거라는 전제가 깔려 있었을 것이다. 그러나 아무래도 그 부분은 개인차가 컸고, 마음을 차분하게 다스리며 감정을 정리할 수 있는 사람은 결코 많지 않았던 것 같다.

생각을 점점 깊이 있게 하는 것, 선택지를 최대한 많이 떠올리고, 그것을 평가해서 우선순위를 매기는 일은 근력 운동과 닮아서 단련을 할수록 힘이 붙는다.

이 책을 다 읽고 하루에 10페이지씩 메모 쓰기를 시작하는 사람은 몇 주 만에 근력 운동과 같은 효과를 실감할 수 있을 것이다. 트레이닝 결과 머릿속 생각이 비약적으로 정리되고 적확한 어휘 사용이 가능해진다. 학력, 직업, 경력, 경험, 입장 등은 전혀 상관없이 누구나 가능하다. 물론 성별이나 국적, 나이도 관계없다. 그렇게 강화시킬 수 있는데도 그것을 모르고 여전히 헛도는 사고에서 벗어나지 못하는 사람이 대부분이다.

물론 이 세상에는 그런 노력과는 무관한 '사고 천재'라 불리는 사람도 존재한다. 예를 들면 프로 기사棋士 등이 그 전형적인 예다. 프로 기사는 100수 이상을 내다보며 그것을 몇 년 후까지 기억한다. 그러나 말로 하는 사고는 그것과는 다르다. 곰곰이 생각하고, 적절한 말을 사용해서 커뮤니케이션을 하는 데는 그들 같은 두뇌는 전혀 필요치 않다. 우리 모두는 트레이닝 여하에 따라 지금보다 몇 배는 깊이 생각하고, 말뜻을 적확하게 이해해서 효율적으로 사용할 수 있다.

'심사숙고'도 '말만 하는 것'도
어렵긴 마찬가지다

 조금 다른 각도에서 살펴보자. '심사숙고'라는 말이 있는데, 이리저리 머리를 굴리면 생각하는 듯하지만 사실 사고의 진전이 이뤄진 것은 아니다. 대부분은 그저 시간 낭비로 이도 저도 아닌 결론이 난다.
 심사숙고해서 생각이 점점 더 깊어지면 좋겠지만, 대부분 사람에게는 별 대수롭지 않은 아이디어가 떠올랐다 사라질 뿐, 거의 형태를 이루지 못한다. 바로 받아 적지 않기 때문에 축적되지 않고 아이디어도 심화되지 않는다.
 명료하지 않은 채로 인터넷에서 관련 기사를 검색해 보지만, 마음에 드는 아이디어를 찾지 못해 불안해한다. 그러다 보면 눈 깜짝할 사이에 한두 시간이 훌쩍 지나간다. 어떤 아이디어가 좋을 것 같아서 조사하다 보면 꼭 그렇지도 않은 것 같다. 더 조사하다 보면 다른 아이디어가 좋을 것 같은 생각이 들고, 좀 더 조사하다 보면 결점이 보이기 시작한다. 혼자 애만 타고 결국 생각하다 지쳐서 원점으로 되돌아온 쳇바퀴 같다.

　반면에 뭔가 새로운 생각이 떠오르면 다른 사람에게 곧바로 말하는 사람이 있다. 뭐든 다 말한다. 상대방에게 얘기하면서 처음에 발견하지 못했던 것들이 보이고, 새로운 아이디어를 떠올릴 때도 많다. 그것도 나름 좋은 방법이지만 아이디어를 얘기해서 어느 정도 반응을 알아내면, 한 번쯤 방향 전환이 필요하다. 그때까지의 생각을 글로 써서 가설을 더욱 심화시키는 게 좋다. 대체로 그렇게 하는 게 결과가 더 빨리 나온다. 글로 써서 머릿속 생각을 한 번 정리하고 그런 다음 또다시 얘기해 본다. 'PDCA(Plan, Do, Check, Action) 사이클' 접근법으로 계획, 실행, 검토, 개선의 4단계로 효율을 높이고 주기를 빠르게 돌리는 방식이다.

　다른 사람에게 얘기할 때 한 가지 주의해야 할 점은, 감정에 휩쓸리지 않고 객관적인 태도를 유지해야 한다. 감정을 쏟아붓거나 지리멸렬하게 얘기하는 쪽은 '들어줘서 고마워!', '왠지 의욕이 생겼으니 다시 힘내볼게'라고 말하겠지만, 듣는 상대는 받아주기 벅차다. 아무리 친한 사이라도 차츰 꺼리는 상대가 되기 쉽다. 다른 무엇보다 아무리 시간이 흘러도 스스로 생각하고, 과제를 정리하고, 나아가야 할 방향을 명확히 찾아내는 중요한 기량이 길러지지 않을 수 있다.

그래서 권장하고 싶은 방법이 생각을 모두 받아 적는 것이다. 사고의 단계에서 머리에 떠오른 것을 받아 적으면 제자리걸음은 거의 사라진다. 받아 적은 글이 눈앞에 있으면 저절로 한 걸음 앞으로 나아가게 된다. 감정을 쏟아내는 일이 줄어들고, 어려움 없이 해결 방안이 따라온다. 누구나 다 그렇다.

'어떻게 하면 회의시간을 단축시킬 수 있을까?'라며 그저 머릿속으로만 생각하면 멈추거나 도태되기 쉽지만, 종이에 받아 적으면 현재 상태를 정리할 수 있다. 왜 회의가 길어졌는지 분석하고, 단축시키는 여러 가지 방법과 구체적인 대처 방안을 목록으로 만들 수 있다.

받아 적을 때 어휘 선택에 지나치게 신경을 쓰면 사고가 멈춘다. 그보다는 너무 깊게 생각하지 말고 떠오른 어휘를 잇달아 받아 적는 게 훨씬 좋다. 멋쩍고 어색한 사람도 있고, 왠지 자신감이 부족한 사람도 있겠지만 사실은 별로 어렵지 않다. 마음만 먹으면 비교적 금방 할 수 있다. 얼마나 익숙해지느냐 하는 아주 사소한 문제만 남는다. 이 책을 다 읽기 전까지 틀림없이 어느 정도 이상은 가능해질 것이다. 머리가 얼마든지 잘 돌아가게 된다. 안심하고 읽어나가길 바란다.

고민을 쏟아낸 후에는 마음이 가벼워져서 뜻밖일 정도로 아이디어가 속속 떠오르고 생각이 깊어진다. 그때까지 보이지 않았던 전체상이 점점 가깝게 보인다. 전체상이 쉽게 보인다는 것은 바꿔 말하면, '전체가 어떤지 안다', '어느 쪽으로 향하고 있는지 보인다', '전체 구성을 정리할 수 있다'는 의미다. 자료에 비유하자면 '목차가 완성된다'는 말이다.

  맨 처음에 무슨 말을 하고, 이어서 무슨 말을 하고, 마지막에는 어떻게 정리할지 체계화할 수 있다. 그러면 머릿속 생각은 한층 더 가볍게 정리되고, 아이디어가 더 많이 떠오르며, 생각하는 과정에서 누락되는 사항도 줄어든다. 설명을 듣는 상대방도 매우 쉽게 내용을 이해하게 된다.

  기획서, 제안서, 보고서 등을 쓸 때도 처음에는 끙끙 앓다가도, 그럭저럭 목차만 잡히면 그다음에는 아이디어가 잇달아 떠올라 빠르게 쓰는 일만 남는 경험을 해본 사람이 많을 것이다. 그것을 좀 더 의식적으로 앞당기는 궁리가 가능하다는 의미다.

2

메모 한 페이지의 가치

시간을 들인다고
생각이 깊어지는 것은 아니다

중요한 과제인 만큼 오후 시간을 다 할애하거나 아침까지 논의하는 방식을 선호하는 사람이 간혹 있다. 끝장 토론을 하자는 사고방식으로 주변에서 적지 않게 볼 수 있다. 회사에 따라서는 그것이 표준 스타일인 경우도 있고, 오랫동안 관습적으로 이어진 곳도 많다.

그런데 과연 그런 회의가 생산성이 높은가, 요점을 잘 파악하고 있는가, 정확한 현상 파악이 가능한가, 즉각적인 의사 결정이 이루어져 적합한 조치로 이어질 수 있는가 묻는다면 장담하지 못한다. 물론 긴 회의가 끝나면 일을 끝마쳤다는 착각에 빠지곤 한다. 철저하게 논의하면 하루를 충실하게 보낸 것 같은 기분이 들기 때문이다. 다만 그렇게 해서 지금 당장 기업에 필요한 의사 결정에 속도를 낼 수 있느냐 하는 점에서는 심히 의심스럽다.

  다른 무엇보다 오후부터 늦은 밤 혹은 새벽녘까지 논의하면, 회의 참석자만 따져도 막대한 비용이 든다. 게다가 기력을 다 소진하게 되므로 회복하는 데 상당한 시간이 필요하다. 뿐만 아니라 회의에 참석하지 못한 직원은 하염없이 기다리게 되면서, 업무 진행이 더뎌지는 게 현실이다. 부하 직원은 분명히 업무를 하고 있을 거라고 상사는 예상하지만, 중요한 회의일수록 명확한 결과가 나오기 전에는 업무를 진행시키기 어렵다.

  더 안 좋은 상황은 간부가 출장이나 연수 등으로 장시간 자리를 비우면, 직원 중 몇몇은 마치 제 세상을 만난 듯 대충 일하는 분위기도 쉽게 나타난다. 늘 시끄럽게 잔소리하는 상사나, 부하 직원에게 권한 이양을 제대로 안 해준 상사일수록 그런 상황을 많이 만들어 낸다.

  그렇다 보니 조직 전체가 기존의 업무 속도로 회복하는 데 과연 며칠이 걸릴지 걱정부터 앞선다. 속도를 회복하는 것만으로는 이미 사라져 버린 몇백 시간의 손실을 만회하기 어렵다. 단지 간부에게 장시간을 투자해 논의한 기분을 만끽하게 해주려고 회의 시간 허비를 정당화해서는 안 된다. 정작 가장 중요한 논의 내용은 시간을 들인 것 치고는, 오히려 시간을 들였다는 이유로 말도 안 되게 대강 넘기는 경우도 허다하다. 기분은 고양될지 모르지만 내용은 별개 문제라는 걸 명심해야 한다.

시간을 들인다고 생각이 꼭 깊어지는 것은 아니다. 개인 업무에서도 마찬가지다. 특히 사무 업무 대부분은 고민만하면서 시간을 낭비한다. '이렇게 할까, 저렇게 할까, 그렇게 말하면 상사가 어떻게 나올까' 등 일어나지 않은 일들에 대해 고민이 끝도 없다.

2주 후에 발표할 고객 회의용 기획서를 쓰는 데도 어떻게 할지 고민한다. 결정하고 나서도 다시 조금 바꿔본다. 목차와 전체 구성에 또다시 시간과 노력이 든다. 며칠이 지나 가까스로 기획서 초안을 작성해도 왜 그런지 영 탐탁지 않아서 몇 번이나 고쳐 쓴다. 지난번에 상사에게 야단맞은 기억이 생생해서 선뜻 상의하러 갈 수도 없다. 이런저런 이유로 주춤거리는 사이 제목마저 마음에 들지 않아 또 고민에 빠진다. '아, 이젠 이틀밖에 남지 않았는데, 또 밤새워야 하나' 막막하기만 하다. 한 번쯤은 이런 경험이 있을 것이다.

전혀 없다고 대답하는 사람도 분명 있겠지만, 경험상으로 보면 많든 적든 이런 고민을 하면서 주먹구구식으로 일을 해나간다. 뭔가 개운치 않은 느낌이 들어도 일단 일을 진행시킨다. 그럴 때 상사나 선배가 도와주는 경우는 거의 없다. 잘못된 점은 지적하지만, 사고 과정을 상세하게 가르쳐 주고 어떻게 하면 좀 더 잘 생각해서 기획할 수 있는지 피드백을 주는 경우는 드물다. 당연히 아웃풋의 질이 상승할 리 없다.

이는 회사뿐 아니라 자기 자신에게도 막대한 손실이다. 당장은 편하고 좋지만 쉽게 넘어갈 문제는 아니다. 이런 방식으로는 제대로 된 성장은 기대할 수 없다. 성장하지 못하면 진정한 의미에서 인생은 결코 즐거울 수 없다.

성장하지 못하거나 즐겁지 않은 것뿐이라면 그나마 낫다. 하지만 최근에는 느긋하게 일하다 느닷없이 일자리를 잃을 위험이 매우 높아졌다. 대기업에서조차 종신고용제도는 사라진 지 오래다. 이번 정리해고 대상에서는 빠졌다며 기뻐해도 언제든 명단에 오를 수 있고, 회사 자체가 망하는 사태도 발생할 수 있다. 타성에 젖은 업무 방식에만 안주해 버리면, 위기 상황에서 재취업의 기회는 당연히 줄어들 수밖에 없다.

인재들의
성공 비결

　경영자, 리더, 인재들이 남들보다 빠르게 움직여 성과를 거둘 수 있는 이유는 단 1분의 시간도 허투루 쓰지 않기 때문이다. 놀라운 속도로 정보를 수집하고, 의사결정을 내리고, 정확하고 재빠르게 행동으로 옮긴다. 상당한 분량의 기획서를 놀랄 만한 속도로 완성시키고, 정해진 기간 동안 점점 더 좋은 내용으로 발전시킨다.
　다만 그런 사람은 정말로 극히 일부다. 대부분 사람은 하염없이 시간을 들인다. 게다가 서두르든 서두르지 않든 기대만큼 생각이 깊어지지도 않는다. 시간을 두 배로 들인 만큼 두 배로 좋은 내용을 생각해 낼 수 있느냐 묻는다면, 일단 그런 일은 없다.
　왜 이런 차이가 생기는 걸까? 첫 번째 이유는 앞에서도 언급한 훈련의 결여 때문이다. '어떻게 하면 일을 효율적으로 진행할 수 있는가', '재빨리 생각을 통합하고, 분석하고, 깊이 파고들고, 알기 쉽게 정리해서 완성해 낼 수 있는가', '같이 일하는 사람과 어떻게 협력해야 단숨에 성과를 낼 수 있는가' 등 이러한 훈련이 학교에서나 회사에서나 거의 이뤄지지 않았다.

신입사원은 서류 작성법이나 예의범절에 관해서는 배울 기회가 많다. 그러나 순식간에 정보를 파악하는 방법, 문제점을 정리하는 방법, 해결책을 찾아내는 방법 등 생각을 언어화해서 구현하는 방법에 관해서는 거의 트레이닝을 받지 못했다. 맥킨지에서도 업무 능력이 뛰어난 사람은 원래부터 감각이 뛰어난 경우도 있었지만, 그보다는 유능한 선배에게 전수 형태로 기술을 보고 배웠다. 그 과정에서 각자의 자질을 발휘하고 발전시켰다.

또 다른 이유는 생산성이라는 개념의 결여 때문이다. 제조 현장의 생산성 향상은 어느 회사나 매진한다. 하지만 기획안·보고서 작성, 메일 교환 같은 사무 분야에서는 생산성이라는 개념이 낯설뿐더러 체계적인 노력도 거의 행해지지 않는다. 일 처리가 너무 늦으면 "왜 이리 늦어! 빨리 해"라고 질타는 하겠지만, 사람과 내용에 따라 걸리는 시간에 차이가 나는 게 당연하다는 암묵적인 이해가 깔려 있다. 제조 원가와 경비는 소수점 단위도 절감하려고 하지만 얼마나 빨리 생각하느냐, 얼마나 빨리 결단을 내리느냐, 얼마나 빨리 문제를 해결하느냐는 별로 문제 삼지 않는다.

이뿐만이 아니다. 시간을 들이면 혹은 계속 기다리면 번뜩 생각이 떠오른다거나 하늘에서 획기적인 아이디어가 뚝 떨어질 거라는 대책 없는 태도를 보이기도 한다. 물론 '신의 계시' 같은 우연은 있을 수 있지만, 신의 계시는 정말로 피나는 노력을 한 사람이 한계에 다다라 벽에 부딪쳤을 때 불현듯이 찾아오는 운명 같은 것이다. 진정으로 노력한 사람에게만 찾아드는 것이므로 아무것도 하지 않는 사람이 말하면 단순한 변명에 지나지 않는다. 생각한 시간만큼 성과가 나오길 바라지만, 안타깝게도 대부분은 생각한 시간에 따른 성과물이 거의 비례하지 않는다. 빠른 사람은 놀라울 정도로 빠르고, 늦는 사람은 기다리기 힘들 정도로 늦다.

한편 경영자에 속하는 많은 사람, 특히 뛰어난 사람일수록 미리 예측하고 빠르게 결정한다. 물론 신중하게 논의해야 할 일이나 이해 관계자가 많은 경우는 절차상 신중하게 진행하지만, 심적으로는 일찌감치 의사결정을 내리고 있다. 고민하더라도 A안, B안, C안의 장점과 단점이 명확하게 머릿속에 들어 있다.

그렇다면 뛰어난 경영자, 뛰어난 리더는 어떻게 핵심을 파악하고 즉각적인 대처가 가능할까? 그 이유는 평소에 그 문제에 관해 계속 생각하고 있기 때문이다. 필요한 정보수집도 게을리하지 않는다. 늘 감도 높은 안테나가 강력하게 서 있다. 그 분야의 전문가 네트워크도 풍부하게 갖추고, 신뢰할 수 있는 상담사가 몇 명이나 있다. 최선의 시나리오와 최악의 시나리오 역시 늘 염두에

둔다. 어디를 공략하면 어떻게 된다는 판단이나 경쟁의 판도 등도 머릿속에 다 들어 있다. 이처럼 늘 임전 태세에 있기 때문에 무슨 일이 벌어져도 놀라지 않는다. 신중하면서도 정확하게 일 처리가 가능하다.

달리 표현한다면 어떤 것에 대해서나 '이건 이럴까?'라는 가설을 세우고 있다. 혹은 즉시 가설을 설정하고 검증한다. 검증해서 잘못됐으면 곧바로 새로운 가설을 다시 세운다. 그 속도가 대단히 빠르며 경로를 이탈하지 않는다.

여성을 대상으로 한 스마트폰 운세 애플리케이션을 예로 들어 보자.

휴대폰 보유율이 높은 도시 지역의 20대 후반 여성 이용자가 운세 콘텐츠를 즐기는 시간대는 귀가 후에 한숨 돌리는 밤 9시 이후가 아닐까. 그러니 활성화율을 높이려면 그 시간대를 노린 시간 한정 운세 콘텐츠 프로모션 기획을 투입해 보면 어떨까?

이런 가설을 세운 후, 다음과 같은 사항으로 검증에 들어간다.

① 도시 지역의 20대 후반 여성 이용자의 휴대폰 보유율이 정말로 높은지 인터넷 검색 등으로 확인한다. 그 분야 전문가에게 바로

전화를 걸거나 직접 20대 후반 여성 이용자에게 인터뷰를 청해서 생생한 목소리를 들어본다. 이 과정에서 타깃 유저의 의식, 가치관, 행동 양식 등을 이해하고 현장 감각을 익힌다.
② 애당초 타깃을 20대 후반 도시 지역 거주 여성으로 해도 좋은지, 이용률이 정말로 높은지 자료 조사나 전문가의 의견으로 확인한다.
③ 타깃 유저가 운세 콘텐츠를 즐기는 시간이 정말로 밤 9시 이후인지 이용자 인터뷰 등을 통해 확인한다. 또한 타깃 유저가 몇 시쯤 휴대폰을 이용하는지 유저의 의견에 덧붙여서 인터넷상의 시장조사 결과를 검색한다.
④ 타깃 유저가 어떤 프로모션에 쉽게 반응하는지 다른 애플리케이션 디렉터에게 확인하거나 자사 서비스의 데이터를 분석한다.
⑤ 이런 과정을 통해 가설을 검증하는데, 예상과 다른 결과가 자주 나오므로 그럴 때는 곧바로 가설을 수정한다.

경영자나 리더 중에 이런 사람이 많다고 했지만, 계약직 직원이나 아르바이트를 하는 사람 중에서도 유능한 능력을 갖춘 사람이 많다. 인간은 본래 모두 머리가 좋기 때문이다.

궁극의 목표는
0초 사고

명료하지 않은 마음을 그 자리에서 말로 바꾸고 생각을 깊이 할 수 있게 되면, 사고가 앞서 나갈 뿐 아니라 차츰 속도가 붙는다. 사나흘씩 생각했던 것이 몇 시간 만에 가능해진다. 한 달이 걸렸던 프로젝트의 경우에는 일주일 만에 끝낼 수도 있다. 생산성은 몇 배에서 몇십 배까지 향상된다.

과제가 정리되고, 본질적인 문제점이 보이고, 해결책과 선택지가 떠오르고, 각 선택지의 장단점을 바로 알게 된다. 문제의 본질과 전체상이 파악된 상태에서 확실한 대책을 마련할 수 있다.

그러한 사고의 '질'과 '속도', 쌍방의 도달점이 바로 '0초 사고'다. 0초 사고란 순식간에 현상을 확인하고, 순식간에 과제를 정리하고, 순식간에 해결책을 생각하고, 순식간에 어떻게 움직여야 할지 의사결정을 내릴 수 있다는 뜻이다. 망설이고 고민하는 시간은 제로가 된다.

 말 그대로 아주 빠른 시간에 할 수 있는 일이 많아진다. 물론 시간이 좀 더 걸리는 경우도 있다. 그렇더라도 전과 비교하면 놀라울 정도로 속도가 빨라진다. 지금 눈앞에서 무슨 일이 벌어지는지, 어떤 현상인지 한순간에 파악하고, 바로 판단하면 곧바로 나아가야 할 여러 길을 찾아내고, 장단점을 비교해서 곧바로 방침을 결정할 수 있다.

 평소에 기획이나 사업에 관해 늘 생각한 사람이 돌발적인 변화에 즉시 대응할 수 있는 이유는 0초 사고와 같은 방식이 몸에 배어 있기 때문이다. 완전히 명확하지는 않더라도 앞이 보이고, 순식간에 대략적인 방향성이 잡힌다. 하염없이 정보만 수집하며 판단을 미루거나 우왕좌왕하지 않는다. 불안에 휩싸여서 부하 직원을 호되게 꾸짖는 일도 드물다.

 떨어지는 사과를 보고 순간적으로 '만유인력의 법칙'을 생각해 냈다는 뉴턴의 일화도(사실인지 아닌지는 별개로 하고) 바로 그런 전형적인 예다. 줄곧 생각해 온 과제에 대해 순간적으로 섬광이 번쩍인 것이다.

 아시아 선수 최초로 메이저리그 명예의 전당에 오른 스즈키 이치로 선수는 타격뿐 아니라 멋진 수비로도 유명하다. 공이 방망이에 맞는 순간 투수가 던진 공의 코스, 타구음, 타구 방향 등의 모든 정보를 바탕으로 어느 방향으로 뛰어야 할지 판단을 내린다. 0.5초라도 머뭇거린다면 직구를 지면에서 아슬아슬하게 다이빙 캐치하는 멋진 수비는 보여줄 수 없을 것이다.

인류는 태곳적부터 열대초원에서 사자와 마주치면 창으로 싸워야 할지, 줄행랑을 쳐야 할지, 동료를 불러야 할지 순식간에 판단해 왔다. 망설일 시간이 없다. 눈앞의 사자는 송곳니를 드러내며 당장이라도 습격해 오기 때문이다. 가만히 있으면 잡아먹히는 상황이므로 순식간에 판단하고 행동을 취해서 살아남았다. 현대인처럼 이것저것 고민하지는 않았을 것이다. 머뭇거리는 동물이었다면 생존경쟁에서 밀려나 진즉에 멸종했을 것이다.

내가 하고 싶은 말은, 인간에게는 본래 뛰어난 판단력과 사고력에 따른 행동력이 존재한다는 것이다. 그런데 어떻게든 될 거라는 안일한 의식이 깔린 환경, 튀면 안 된다는 폐쇄적인 집단 분위기, 주위와 마찰을 일으키지 않으려는 행동 양식, 신중하게 생각하라는 주변의 참견, 주입식 학교 교육, 예의 바른 행실을 강요해 온 사회 분위기와 가정교육 등. 이러한 복합적인 영향으로 일껏 타고난 능력을 덮어두고 퇴화시키고 있는 걸지도 모른다.

특히 학교 교육에서는 사고력과 판단력의 강화가 아니라, 시험에서 좋은 점수를 받는 사소한 노하우를 중시한다. 수학 공식 정리와 증명 방법을 통째로 외우거나, 쉬운 문제부터 먼저 풀거나, 맞을 것 같은 답에서 역산한다거나, 출제 경향을 분석해서 집중적으로 연습하는 방법에만 몰두한다. 한정된 시험에서만 통용되는 특수한 기술의 숙달도로 시험 점수가 결정되기 때문이다.

그러는 와중에 '나는 할 수 있다/할 수 없다, 우수하다/우수하지 않다, 머리가 좋다/나쁘다, 칭찬받았다/칭찬받지 못했다' 같은 엄격한 이중잣대로 인해 본래 타고난 능력을 발휘하지 못 하는 사람이 대부분이지 않을까.

만약 과도한 평가 기준을 떨쳐내고 칭칭 얽매여서 굳어버린 머릿속을 풀어준다면, 누구나 뛰어난 능력을 발휘할 수 있을 것이다. 이런 안타까운 상황을 타개할 방법이 없을까? 어떻게든 헤치고 나갈 방법이 있을 것이다. 나는 그런 생각으로 계속 고민하면서 '메모 쓰기'를 꾸준히 연구해 왔다. 메모 쓰기를 통해 생각을 정리하면, 더 창의적으로 능력을 발휘하며 살 수 있기 때문이다.

빠른 사고와
정보수집의 함정

아무리 빠르게 생각하더라도 정보가 부족하면 소용이 없다. 당연히 최소한의 조사와 정보수집은 필요하다. 그렇지 않으면 사고의 근거가 되는 기본 틀이 없어서 어림짐작으로 넘겨짚게 된다. 문제나 해결책에 대한 어느 정도의 배경 지식이 없으면, 자기 주관이나 관습에 의존한 '지나친 자기류自己流 판단'을 내리게 되고, 경우에 따라서는 더 큰 문제를 유발할 수도 있다. 늘 안테나를 세워두고 감도를 높게 유지하며 다양한 분야에 관심을 가지는 태도가 중요하다. 부족한 경우에는 조사를 더 하거나 상세하게 아는 전문가에게 물어봐야 한다.

이 과정에 익숙해지면 두 가지 측면으로 직감이 작용하게 된다. 첫 번째는 적절한 판단을 내리는 데 필요한 정보를 갖고 있느냐

없느냐에 관해서다. 오른쪽으로 갈 것인가 왼쪽으로 갈 것인가, A안인가 B안인가 C인가의 판단을 내리기 위해 필요한 정보는 무엇인가, 정보들 간에 어떤 연관이 있어야 하는가 등 정보를 가지고 있다면 어떤 판단을 내려야 하는지가 눈에 들어온다.

두 번째는 정보가 부족한 경우, 어디에서 어떻게 실마리가 될 만한 정보를 찾아야 할지에 대한 직감이다. 문제의식을 강하게 가지면 지금 내가 뭘 알고 있는지, 뭘 모르는지, 모르는 것은 어디에서 찾으면 좋을지, 누구에게 물어보면 좋을지, 지금은 정보수집을 하지 않더라도 필요하면 어떻게 파고들지 대략적인 계획이 그려진다.

문제는 대부분 사람이 지나치게 조사를 한다는 데 있다. 의미 없이 인터넷을 검색하거나, 업계 이벤트에 참석하거나, 관련 없는 책을 읽고 결론 없는 논의를 한다. 그러고 나서 또다시 인터넷상의 과거 기록들까지 샅샅이 뒤지며 몇 주 동안 조사만 한다. 물론 이 방법을 써도 상관없지만 결국 시간만 걸릴 뿐 판단이나 결정은 늦춰지기 십상이다.

뒤로 미룬 만큼 방침을 결정하는 데 있어서 정밀도가 높아진다면 다행이지만, 대부분은 높아지지 않는다. '이런 문제니까 지금 당장 이렇게 해야 하나?'라는 가설을 세우고, 그것을 정보수집 결과로 검증하고, 가설의 정밀도를 높이는 과정은 거의 이뤄지지 않기 때문이다. 오히려 정보수집에 얽매이느라 판단이 미뤄져 효과적인 대책을 쓸 수 없게 되는 경우가 더 많다.

이런 얘기를 하면 "민첩한 의사결정을 위해 정보수집을 얼마나 해야 할지 잘 모르겠어요. 제대로 조사했냐고 상사에게 추궁만 당하고요. 대체 정보는 어느 정도 수집하면 되나요? 조사하면 할수록 헤매는 것 같고 점점 더 불안해져요"라는 질문을 받을 때가 종종 있다.

그럴 때는 "지금 생각하고 계신 과제나 문제점의 가설에 대해 취할 수 있는 해결책을 세 가지 말씀해 보세요. 그것들의 장단점을 쓰고 대략적인 목표를 세운 후에 정보를 수집하기 시작하면, 행동 지향적으로 민첩하게 진행할 수 있습니다"라고 대답한다.

혹은 "정보수집을 안 해도 사실은 어떻게 해야 할지 어느 정도는 상상할 수 있잖아요?"라고 물으면, "그렇죠, 구체적이진 않아도 어느 정도는 나갈 방향을 아는 것 같습니다"라는 대답을 들을 때도 많다. 그럼에도 과제를 받으면 판단을 뒤로 미루고 일단 정보수집부터 하려 든다. 버겁고 꺼려지는 결정을 미루기 위해 하염없이 정보수집만 하는 것처럼 여겨질 정도다.

내가 아는 한 어느 정도 현장 경험을 쌓은 분들은 무엇이 문제이며 어떻게 처리해야 할지 어렴풋하게나마 청사진을 갖고 있다. 그러나 그것을 구체화하는 훈련을 충분히 받지 못했기 때문에 어떻게 실행해야 할지 모르는 경우가 더 많다. 일단은 정보를 수집하다 보면 아이디어가 떠오르겠지 막연하게 믿으며 무의미한 검색을 한다. 또는 상사의 질책이나 비아냥거림이 두려워서 의견을 말하지 않고 정보수집만 계속하는 수동적인 태도를 취하고 있을 뿐이다. 특히 대기업에서는 직원 조직력이 강해서, 각처에서 무수한 공격이 들어오고 꼬투리를 잡고 늘어지는 경우도 많아서 과도하게 정보수집을 하기도 한다.

 오른쪽으로 가야 하나 왼쪽으로 가야 하나, 그것을 재빨리 결정하기 위해서는 무엇을 알아야 할까. 평소 늘 안테나를 세워두면 그다지 어려운 일은 아니다. 성실한 사람, 요컨대 대다수 사람에게는 대략적인 직감이 작동하기 때문이다. 발목을 잡고 늘어지는 요인은 과거의 트라우마가 되는 경험, 상사의 질책, 과다한 조직 계층에 따른 효율 저하, 관료주의로 야기된 형식 중시나 업무와의 괴리 현상 등이다.

 물론 지금 있는 정보로만 가설을 세우고 방침을 정하려면 요령이 필요하다. 자기 자신에 대한 채찍질도 피하지 말아야 한다. '정보가 더 필요하다. 이대로는 불완전하다'라고 말하고 싶은 심정을 억누르고, 대담하게 가설을 세우는 버릇을 들여야 한다. 이것만으로도 가설 구축의 속도와 질은 극적으로 향상된다. 어려울 것 같지만 반드시 해내야 하는 일에 재빨리 돌입하는 추진력과 자연스럽게 따라오는 성취감에 오히려 스트레스는 줄어든다.

 뒤로 미루고 싶은 심정은 누구에게나 있고 유혹도 많지만, 단언컨대 조기에 처리하는 편이 훨씬 좋다. 빨리 대처하면 시간 낭비를 줄일 수 있다. 빨리 착수한 만큼 변수가 발생했을 때 개선하기도 쉽다. 정보수집에 매달려서 결과적으로 때를 놓치는 것보다는 훨씬 낫다는 마음가짐이 중요한 열쇠다.

주의해야 할 점은 사람에 따라서는 속도 중시라는 명목하에 자료가 부족한데도 전혀 조사하지 않고, 전문가에게 묻지도 않고, 무방비하게 움직여 버리는 경우가 있다는 것이다.

'재빨리 정보를 수집하고, 전체상을 파악하고, 대체안을 세우고, 비교해서 검토하고, 결정한 후에는 강력하게 추진한다'는 기본 동작을 무시한 섣부른 행동이다. 한정된 정보나 자기 취향, 과거 경험에 의존해 일방적으로 단정 짓고 움직이려 한다. 이런 태도는 매우 위험하다. 가설은 어디까지나 가설일 뿐이며 검증이나 확인이 되지 않은 상태이기 때문이다. 일에 따라서 정도의 차이는 있겠지만 도출한 가설의 근간만은 곧바로 확인하고 검증해 둘 필요가 있다.

1분이면 충분하다

　빠른 사고력을 배우고 익히는 최고의 방법은 지금까지 몇 번이나 언급해 온 '메모 쓰기'다.

　메모 쓰기는 본래 맥킨지에 입사했을 때 인터뷰 방식, 분석 방법, 팀 매니지먼트 등에 도움이 되는 조언을 선배에게 많이 들었는데, '이것들을 빠짐없이 적어두자, 받아 적으면서 완전히 이해해서 내 것으로 만들자'는 과정에서 생겨났다.

　그런데 몇천 페이지를 쓰고, 많은 사람에게 실행시켜 보는 과정에서 메모를 쓰면 편향된 자의식을 걷어내고 매사를 있는 그대로 바라볼 수 있다는 사실을 깨달았다. 1분이라는 시간 제약 속에서 망설이지 않고 재빨리 상당한 분량을 써내는 것이 열쇠였던 것 같다.

메모 쓰기는 굳은 머릿속 생각을 풀어주는 데 적합한 유연체조이며, 생각을 정리하는 손쉬운 방법이다. 머릿속에 떠오른 의문, 아이디어를 그 자리에서 바로 받아 적음으로써 머리가 점점 더 잘 돌아가고 마음도 정리된다. 고집에 사로잡혀 고민하는 일도 사라진다. 메모 쓰기로 누구나 이러한 경지에 상당히 빨리 도달할 수 있다. 스스로도 놀라울 정도로 두뇌 회전이 빨라진다.

구체적인 방법으로는 A4용지를 가로로 놓고 1건을 1페이지 분량으로 쓴다. 1페이지에 본문 내용은 4~6줄, 각 줄의 글자 수는 20~30자가 적당하다. 1페이지를 1분 이내에 매일 10페이지씩 쓴다. 따라서 매일 10분만 메모를 쓰는 것이다. 그럼 〈메모 1〉처럼 완성된다.

메모 1. <u>나라면 어떤 지도를 받고 싶은가?</u>

2024-12-1

- 내 과제를 명확히 일러주면 좋겠다.
- 내 과제에 대한 구체적인 행동 지도를 받고 싶다.
- 뭐가 좋아졌는지 명확하게 피드백 해주면 좋겠다.
- 좋고 나쁜 점을 확실하게 전달받고 싶다.
- 의욕을 갖게 해주면 좋겠다.
- 나도 할 수 있다는 자신감을 가질 수 있는 피드백을 받고 싶다.

* 메모 내용의 '줄'에 해당하는 부분을 문장부호 '대시(—)'로 표현했습니다.

내용이 이렇게 단순해도 되나 싶은 생각이 들지도 모르지만, 쉽고 단순해야 부담 없이 할 수 있다는 게 포인트다.

〈메모 1〉은 유통 관련 대기업에서 부하 직원을 1000명가량 둔 지역 본부 영업 책임자가 쓴 내용이다. 그는 처음에 '나라면 어떤 지도를 받고 싶은가?'라는 제목을 떠올리고 6줄을 썼다.

평소에는 괜찮은데 부하 직원과 대화하다 보면 금세 고함을 치게 된다고 한다. "고함을 치면 부하 직원이 위축되고, 좋을 건 하나도 없다"고 본인 입으로 말하지만, 자기도 모르게 무심코 고함을 치게 된다고 고민을 털어놓았다. 그것을 어떻게든 고쳐보려고 그가 쓴 메모다.

이 내용에는 딱히 흠잡을 데가 없다. 지도자가 갖추어야 할 자세를 매우 정확하게 이해하고 있다.

그러나 그는 자기가 왜 금세 부하 직원에게 고함을 치는지, 왜 스스로 그것을 억제하지 못하는지 거의 모르고 있었다. 그런데 '나라면 어떤 지도를 받고 싶은가?'라는 이 메모를 시작으로 10여 장을 더 써 나가면서 '고함을 치는 게 나의 커뮤니케이션 수단이 되어버렸다. 고함을 치면 부하 직원이 위축되고, 나 역시 기분이 매우 상해서 결국 좋을 건 하나도 없다는 걸 뻔히 알면서도 스스로를 제어하지 않았고, 제어할 수 없었다'라는 깨달음을 얻었다.

그 밖에도 그가 이때 같이 쓴 메모의 제목들은 다음과 같다.

- 나는 어떤 지도를 받고 싶은가?
- 누가 나에게 고함을 치면 내 기분은 어떤가?
- 고함을 들은 상대의 기분은?
- 나는 어떨 때 고함을 치고 싶어지는가?
- 마구 고함을 치고 나면 무엇을 느끼는가?
- 감정적 폭발이란 무엇인가?
- 누구에게 고함을 칠 때가 많은가?
- 누구에게 고함을 칠 수 없는가?

각각의 제목에 깊이 있는 내용이 적혀 있었다. 이러한 접근법으로 메모를 쓰기 시작한 그는 10분 정도 만에 오랜 세월 제어하기 힘들었던 버릇에 관해 깊이 생각하고 해결책을 얻을 수 있었다. 누구도 말해주지 않은, 상담할 수도 없었던, 스스로도 어떻게 해야 좋을지 막막했던 자신의 행동 이유를 처음으로 깨달았다. 개선을 향한 첫걸음을 드디어 내딛게 된 것이다.

'메모 쓰기'는 1페이지를 1분 이내에 매일 10페이지씩 쓰는 것이다. 시간은 고작해야 10분이다. 비용이 들지 않으면서도 생각이나 감정 정리에 즉효성이 있다. 위에서 소개한 영업 책임자처럼 행동상의 과제를 해결하고 변화될 수 있다.

메모 쓰기를 3주에서 1개월 동안 계속하면 머릿속에 잇달아 단어가 떠오르게 된다. 메모로 쓰기도 전에 단어가 먼저 샘솟아 오른다. 한 달 전에는 모호했던 것이 명확한 단어로 떠오르고 아이디어가 속속 꼬리를 문다. 빠른 두뇌 회전을 손이 따라가지 못해서 조바심을 느끼면서 아웃풋으로 계속 발산하게 된다.

 몇 개월을 더 해나가면 잡념은 사라지고 머릿속이 정리되어 효율적인 일 처리가 가능해진다. 전체를 볼 수 있는 통찰력이 생겨 문제점과 해결책까지 바로 세울 수 있다. 이런 변화는 성별, 연령, 경험과는 상관없다.

경쟁력을 높이는
최고의 생각 도구

메모를 쓰면 머릿속이 정리된다

메모라고 하면 노트, 수첩, 포스트잇, 메모 패드 혹은 컴퓨터 메모장이나 워드 파일 등에 뭔가를 적을 것이다. 생각한 것, 떠오른 아이디어, 기분 나빴던 일, 앞으로의 결심 등은 사람마다 제각각이다. 어떤 형태로든 메모로 적어두면 깜박 잊어버리는 일이 줄어든다. 당연히 복잡했던 생각도 어느 정도 정리된다.

몇 년 전부터 메모를 쓴 분들은 스스로 여러 가지 궁리를 해봤을 것이다. 빨강, 파랑, 노랑 형광펜으로 색칠을 하거나, 노트의 공간을 좌우로 나눠서 사용하기도 한다. 그런데도 여전히 뭔가 탐탁지 않아서 늘 다양한 방법을 궁리하는 분들도 많을지 모른다. 나 역시 숱하게 궁리를 해봐서 잘 안다.

내가 권하고 싶은 방법은 앞에서 설명했듯이, A4용지를 가로로 놓고 1건을 1페이지에 쓰는 것이다. 왼쪽 위에 제목을 쓰고, 1페이지에는 4~6줄만, 각 줄에는 20~30자로 매일 10페이지 분량을 쓰는 방식이다.

인간의 두뇌 용량은 그리 크지 않기 때문에 뭔가에 마음을 뺏기면 제대로 움직이지 않는다. 메모를 쓰면 답답했던 마음, 아직 해결되지 않은 사항, 그 밖의 생각까지 모두 정리된다. 엉켜 있던 머릿속이 개운해진다. 모호했던 마음을 말로 풀어내고, 손으로 쓰고, 눈으로 확인하는 과정에서 메모가 외부 메모리 기능을 하게 되는 것이다. 그러면 두뇌 회전이 놀라울 정도로 빨라진다.

두뇌가 잘 돌아갈 뿐 아니라, 직관, 경험, 통찰처럼 말이나 글로 설명하기 어려웠던 '암묵지暗黙知'가 명료하게 형태를 이룬다. 다시 말해 문서나 설명서처럼 누구나 쉽게 이해할 수 있게 정리된 '형식지形式知'로 바뀌는 것이다. '그래, 난 이렇게 해왔구나' 하고 처음으로 인식하는 출발점이 된다. 이것이 중요한 이유는 직원이나 팀원에게 지시할 때 "일단 하라면 해" 혹은 "잘은 모르겠지만 이렇게 해"가 아니라 구체적인 실행 방법으로 전달할 수 있기 때문이다. 무엇이 핵심이고 무엇을 피해야 하는지 전달이 간결해진다. 친구나 윗사람과 얘기할 때도 보다 구체적이고 명료하게 대화할 수 있어서 커뮤니케이션이 원활해진다.

반복되는 얘기지만 나는 인간은 모두 머리가 좋다고 생각한다.

훈련 여하에 따라 비상하게 작동할 수 있는 두뇌를 갖고 태어났다. 물론 교육도 중요하지만 교육이 있든 없든 머리는 좋다. 무엇보다 학교 교육이 실행된 것은 최근 100년 정도에 불과하고, 인간은 그 전부터 머리를 쓰며 어엿하게 잘 살아왔다.

다만 타고난 좋은 머리를 활용하지 못하는 데 큰 문제가 있다. 순식간에 판단을 내리며 가혹한 자연환경 속에서도 꿋꿋이 살아남은 인류다. 그런데 검증되지 않은 정보를 믿거나 다른 사람의 편협한 판단속에서 자신감을 잃어온 탓에 머리가 제대로 작동하지 않게 된 것이다.

인간의 머리와 마음은 떼어놓을 수 없으므로 마음이 흐트러지면 머리도 잘 돌아가지 않는다. 하염없이 쳇바퀴만 돌리거나 고지를 코앞에 두고도 허탈하게 되돌아온다. 결정을 내리지 못하고 갈팡질팡하는 초조한 마음이 스트레스로 작용해서 머리는 점점 더 굳고 안 돌아가게 된다.

머리는 반드시 돌아가게 되어 있는데, 누구나 갖고 있는 탁월한 능력을 발휘하지 못하는 현실이 안타깝기 그지없었다. 때문에 나는 무슨 수를 써서든 본래 타고난 힘을 발휘하게 해주고 싶었다. 그런 생각에서 다방면으로 시험하고 도전해 보았다.

책에서 답을 찾기도 하고 많은 사람과 논의도 해봤다. 노트에 써 보고, A4용지에 써 보고, B6카드에 써 보고, 포스트잇을 활용하는 등 온갖 방법을 시도했다. 좋다고 여겨지면 다른 사람에게도 해보라고 권했다.

그렇게 이리저리 먼 길을 돌아왔지만, 결국 머릿속 생각을 정리하는 데는 'A4용지에 메모 쓰기'가 가장 효과적이라는 사실을 깨달았다. 많은 문제가 A4용지에 메모 쓰기로 아주 간단히 해결되는 것을 알아차렸다. 메모를 쓰면 고민은 그만큼 줄어든다. 안개가 걷히고 앞이 훤히 트인다. 잇달아 메모를 쓰다 보면, 모호했던 것들이 순식간에 사라지고 말끔하게 정리된다. 두뇌 회전이 빨라지는 것을 누구나 경험할 수 있다.

메모를 쓰면 자신감이 생겨서 긍정적으로 변한다

메모를 쓰면 머릿속에 떠오르는 생각, 동요하고 있던 문제를 말로 바꿔나가기 때문에 모호함이 거의 사라진다. 그렇게 되면 지금 걱정해도 소용없는 근심거리, 왠지 신경이 쓰였던 현안 등이 정리되고, 정말로 중요한 것만 눈에 들어온다.

예를 들면 〈메모 2〉와 같은 느낌이다. 프로젝트 발표와 관련해서 이것저것 신경 쓰였던 문제점들이 메모 1페이지를 쓰는 것만으로도 '그래, 역시 제일 걱정되는 건 데모가 잘 돌아가느냐 하는 문제였어. 그래, 그거야. 데모가 잘 돌아가는지 다시 한 번 시험해 보자'는 마음가짐으로 바뀌었다.

1페이지로 끝나지 않으면, 비슷한 제목으로 몇 페이지쯤 더 쓰면 모호함은 차츰 씻겨 나간다. 그 시간은 고작해야 몇 분이다.

메모 2. <u>이번 프로젝트 발표는 잘 될까?</u>

2024-12-1

- 할 일은 다했다.
- 그런데 미리 설명해 두는 게 좋을 사람이 또 한 명 있었군.
- 사외 파트너와는 모두 조정을 했으니 문제는 없을 테고.
- 데모는 문제없이 잘 돌아갈까.
- 내일 다시 한 번 시험해 보자. 역시 데모가 제일 걱정이군.

메모 3. <u>왠지 기분이 나쁜 이유</u>

2024-12-1

- 오늘은 아침부터 기분이 매우 나쁘다.
- 평소에는 안 그런데.
- 어제 회의에서 과장이 슬쩍 흘린 새 프로젝트 때문일까.
- 만약 새 프로젝트가 시작되면 그 녀석도 참여할까.
- 참여하겠지. 그러면 또 성가신 일이 벌어질 것 같은데.
- 한동안 조용해서 좋았는데. 분명히 그것 때문에 마음이 무거웠을 거야.

또는 '왠지 기분이 나쁜 이유'라는 제목으로 쓴 내용이 〈메모 3〉이다. 읽어보면 알겠지만, 떠오르는 대로 아무런 검열 없이 쓴 내용이다. 느낀 그대로 받아 적은 것이다. 시간은 물론 1분 이내다. 그럼에도 쓰지 않았으면 절대 알아차리지 못했을 깨달음이 몇 개나 있다.

메모를 쓴 분들에게 '이런 걸 쓸 줄은 상상도 못했는데, 이런 생각을 하고 있었네'라며 스스로도 놀랐다는 소감을 자주 듣는다. 메모를 통해 새로운 발견의 힘을 느끼는 순간이다.

이런 메모를 평소에 자주 쓰다 보면 뜻밖에 소중한 것이 눈에 들어오기 시작한다. '정말로 중요한 게 무엇인지, 마음에 걸렸던 게 무엇인지, 신경 쓰지 않으려고 애썼던 게 무엇인지' 하는 것들이 정신을 차려보면 무의식중에 불쑥 글로 표출된 걸 알게 된다.

'정신을 차려보면 무의식중에 불쑥'이 중요한 요점이다. 애써 못 본 척 하려고 했던 것, 생각하지 않으려고 애썼던 것, 그럼에도 실제로는 매우 신경 쓰였던 것이 선명하게 눈에 들어온다.

또한 중요한 것이 파악되면 중요하지 않은 것과 쉽게 구별할 수 있는 변별력이 생긴다. 중요한 것이 아니면 저절로 신경을 안 쓰게 된다. 사라지는 건 아니지만, 큰 문제가 아니라고 느끼기 시작한다. 적어도 지금은 신경 쓸 필요가 없고 신경 써도 소용없다는 생각이 들어서 어수선했던 마음이 차츰 안정을 되찾는다.

그런 상태가 되면 늘 중요한 과제에 집중하기 쉬워져서 과제 해결이 순조롭게 흘러간다. 뒤로 미루는 일도 줄어들어 사태가 악화되기 전에 일찌감치 해결할 수 있다. 여간해서는 악순환에 빠지지 않는다. 결과적으로 성과가 나오므로 자신감이 샘솟는다. 다른 무엇보다 마음이 어지럽지 않은 상황은 스트레스 유발을 줄여 기분까지 상쾌하게 만든다.

1분의 메모 쓰기로 내가 처한 상황과 눈앞의 과제가 순식간에 가시화된다. 저절로 우선순위가 정해져 신속하게 해결점을 찾는 선순환이 시작된다. 인간이 본래 타고난 자신감과 긍정적인 힘이 자연스럽게 힘을 발휘한다.

메모를 쓰면 부정적인 감정에 휩쓸리지 않는다

화가 났을 때나 기분이 나쁠 때 그것을 모두 메모에 쏟아내면 금방 마음이 편안해진다. 상대의 이름을 그대로 쓴다. 가령 정우 씨라고 가정하면, 이름을 얼버무리지 말고 '정우 씨는 왜 늘 내 욕을 할까?'라는 메모를 쓴다. 계속해서 다음과 같은 제목으로 단숨에 메모를 쓴다.

- 정우 씨는 어떤 마음으로 나를 욕할까?
- 그는 누구를 욕하고, 누구를 욕하지 않을까?
- 욕한 후에 정우 씨는 어떤 느낌일까?

- 욕한 다음 날, 정우 씨의 태도는 어떤가?
- 정우 씨는 어떤 부분에 반응하는가?
- 정우 씨를 화나지 않게 하려면 어떻게 해야 할까?
- 정우 씨는 어떨 때 욕을 하나?
- 정우 씨에게 욕을 들으면 내 기분은 어떤가?
- 내가 잘못한 점은 무엇일까?
- 나에게도 개선점이 필요할까?
- 정우 씨의 좋은 점은 어떤 부분인가, 나쁜 점은?
- 정우 씨가 화를 잘 내는 것은 열등감 때문이 아닐까?
- 정우 씨가 마음을 터놓는 친구는 누구인가?
- 정우 씨는 어떤 식으로 교제하는가?
- 정우 씨와 잘 지내려면?

이렇게 1분에 1페이지를 쓴다. 시작한 지 불과 15분 만에 마음은 상당히 안정을 찾는다.

오늘 회사에서 생긴 일 때문에 기분이 안 좋은 분은 부디 이렇게 10~15페이지를 써 보길 바란다. 상대가 왜 그런 심한 짓을 했는지, 상대가 얼마나 나쁜 인간인지 마음먹고 써 보자. 누구에게 보여줄 게 아니니 거리낌 없이 쓴다. 다른 사람의 이름도 생략하지 말고 다 쓴다. 말하자면 험담을 마구 써 보는 것이다. 그렇게 하면 신기할 정도로 마음이 안정된다. 그와 동시에 처음에는 전혀 보이지 않았던 자신의 결점도 눈에 들어온다. '절대 용서 못해, 정말 너무해'라고 생각했던 일들을 좀 더 객관적으로 바라볼 수 있게 된다. 신기할 정도로 가능해진다.

  메모를 쓰면서 화가 가라앉는 이유는 남의 눈을 의식하지 않기 때문이다. 거리낌 없이 쏟아내고, 쏟아낸 내용을 명확하게 확인할 수 있다. 그 결과 자기 상황을 객관적으로 바라볼 수 있게 되고, 지금 일이 사실은 어떤 원인으로 발생했는지, 그에 대해 무엇을 하고 무엇을 하면 안 되는지 파악할 수 있다.

  사람에 따라서는 이것이 금방 가능해지기도 한다. 그렇지 않은 사람도 메모를 계속 쓰다 보면 차츰 가능해진다. 그러면 공연히 화를 내는 일이 줄어들고, 기분이 상하는 일도 점점 사라진다. 매우 심각한 상황에서도 감정적으로 치우치지 않고 냉정하게 대처할 수 있다.

  나아가 지금까지는 '저 녀석 말은 절대 안 들어. 용서할 수 없는 놈이야'라고 여겼던 사람을 조금은 다른 시선으로 바라볼 수 있어서 경청하는 태도도 나온다. 메모를 쓰기 전보다는 조금 냉정해져 자기 자신도 객관적으로 바라볼 수 있게 된다. 그 순간 이제까지 자기도 모르게 시비조로 상대방을 대했던 태도가 극적으로 변한다. 자신도 놀라울 정도로 부드러워진다.

  물론 누가 봐도 상대가 나쁘고, 명확한 악의를 품고 나를 대하는 것처럼 보이는 경우에는 쉽게 화가 가라앉지 않는다. 그렇더라도 그것을 모두 메모에 써 보면, 상대가 왜 그런 행동을 하는지, 상대가 무슨 생각으로 그랬는지, 나한테는 잘못이 전혀 없는지, 어떻게 했으면 그런 일이 벌어지지 않았는지, 더욱 객관적으로 상황을 판단할 수 있게 된다. 적의를 품고 나를 대하는 상대방의 과거 트라우마나 가슴 아픈 사정 등도 상상할 수 있게 된다. 여간해서는 일촉즉발의 위기가 발생하지 않는다. 따라서 대책을 세우기도 쉽다.

그렇게 되면 감정적으로 치닫는 게 아니라 훨씬 건전하고 대응하기 쉬운 상황으로 바뀐다. 누가 봐도 상대가 나쁜 경우에도 상대가 왜 그렇게 행동하는지 15페이지쯤 메모를 써 보면, 어쩔 수 없었던 상대방의 상황 등이 예상되어 화를 내기보다는 대처법이 보이기 시작한다.

'저런 관점밖에 못 가지다니, 참 딱한 인간이다. 어떻게 하면 좀 더 원만하게 지낼 수 있을까'라는 마음도 생긴다. 그럼에도 냉정하게 대처할 수 없거나 도저히 화가 풀리지 않는다면, 스스로 인지하지 못하는 과실, 결점, 열등감이 있을 수도 있다. 늘 마음에 걸렸던 점을 추궁당해서 화가 나는 것이다. 여러분은 혹시 그런 경험이 없는가?

메모를 쓰면 그때까지 갖고 있었던 결점과 열등감이 확연하게 줄어들어서 화가 나는 상황 자체가 급격히 줄어든다. 화가 나는 이유는 대부분 내가 싫어하는 말과 행동을 상대방이 하기 때문이지만, 이쪽에서 그것을 흘려 넘기지 못하는 상황 때문이기도 하다. 메모 쓰기는 그런 점을 크게 개선해 준다.

  중요한 점은 절대 참으라는 게 아니다. 참는 것은 몸에 좋지 않다. 정신 건강에도 나쁘다. 냄새가 난다고 뚜껑을 덮어본들 냄새 자체를 없앨 수는 없다. 오히려 자욱하게 배어서 더욱 심한 악취를 풍긴다. 참는 게 아니라 냄새의 근원을 뿌리 뽑아야 한다.

  A4용지에 받아 적는 지극히 간단한 방법이 우리의 큰 고민이었던 화와 짜증을 크게 줄여준다.

메모를 쓰면 급성장할 수 있다

  메모를 쓰면 머릿속이 정리된다. 머릿속이 정리된다는 것은 지금 무엇이 중요하고 무엇이 중요하지 않은지, 지금 무엇을 해야 하고 무엇을 할 필요가 없는지 늘 명확하게 알고 있다는 의미다. 여러 문제가 동시에 발생해도 당황하거나 허둥거리지 않고 필요한 정보를 수집해서 중요하고 심각한 것부터 차례대로 해결할 수 있다.

  그러면 하는 만큼 앞으로 나가고 잇달아 성과가 나온다. 그 결과 자신감이 생기고 긍정적으로 변해서 무슨 일이 벌어져도 감정이 쉽게 흐트러지지 않는다. 예전 같았으면 화가 날 상황에서도 상대방의 말과 행동의 배경을 이해하게 되므로 '자연체自然體'로 대할 수 있게 된다. 즉 무조건 참는 게 아니라 스스로에게 자신감을 가지는 동시에 겸허심을 유지하는 상태가 된다.

잘난 체하지도 않고 남을 업신여기지도 않는다. 상대의 지위가 높다고 해서 과도하게 긴장하거나 위축되지도 않는다. 상대가 아래라고 해서 우습게 보거나 어린애 취급을 하지도 않는다. 기분이 내키는 대로 발끈하지도 않고, 무턱대고 감정적으로 변하지도 않는다. 언제나 평상심을 유지할 수 있다. 그렇다고 뜨거운 열정이 없는 건 결코 아니다. 오히려 목적의식이 강하고 지향하는 바가 높아서 열의가 넘치는 상태이기도 하다. 말로 하면 간단하지만 실제로는 매우 어렵다. 많은 사람이 자연체를 유지하고 싶어 하지만, 뜻대로 잘 안 풀릴지도 모른다.

회사에서 나름 출세한 사람도 상사, 부하 직원, 동료와의 관계에서 많든 적든 긴장하게 마련이라 어딘가에서는 무리가 생기는 경우가 많다. 메모를 쓰다 보면 그렇지 않은 사람들과는 확연한 차이가 생긴다. 다양한 관점으로 써본 최선책이 효과를 발휘하고, 곤란한 상황에 대처하는 자세도 크게 달라지기 때문이다.

메모를 통해 구성원들의 능력을 충분히 발휘시키는 방법을 발견할 수 있다. 쓸데없는 충돌이 줄고, 최고의 팀워크로 목적 달성을 이룰 수 있다. 그렇게 되면 자신감이 더욱 붙어서 선순환이 진행된다. 스스로도 놀라울 정도로 한층 높은 성장을 이뤄낼 수 있다. 또한 생각이 단정하게 정리되어 감정에 휩쓸리는 일이 줄어든다. 전체상이 보이므로 지금 무엇을 해야 하는지, 다음에는 무엇을 준비해야 하는지 또렷하게 보여서 일의 규모가 점점 커진다.

예를 들어 신입사원이라면, 모두 처음 해보는 일투성이라 늘 긴장 상태일 것이다. 그럴 때는 눈에 띄는 것, 느낀 것, 지적받은 것, 이번에야말로 결심한 것을 매일 20~30페이지라도 써 보면 좋다. 그래봐야 하루에 고작 20~30분이다. 그것만으로도 이미 많은 고민이 해결된다. 더 나아가 업무 효율을 높이는 방법도 찾을 수 있으니 꼭 한번 실천해 보길 바란다.

메모를 쓰기 시작한 지 불과 3~4주 만 지나도 많은 분이 '회의에서 다른 사람의 발언을 잘 파악할 수 있게 됐다', '내 발언을 전보다 주목한다', '제안이 채택되었다'는 피드백을 보내준다. 메모 쓰기는 업무적으로도 단기간에 성장할 수 있는 효과적인 방법이기도 하다.

3

머릿속, 마음속을 정리하는 메모의 기술

한 장으로 끝내는
메모 정리법

 메모를 쓸 때는 A4용지를 가로로 놓은 상태로 왼쪽 위에 제목을 쓰고 밑줄을 긋는다. 노트도 아니고, 컴퓨터도 아니고, 카드도 아니고, 작은 메모지도 아닌 A4용지다. 더할 나위 없이 간단하다. 게다가 1페이지에 빽빽하게 쓰는 것도 아니고, 고작해야 4~6줄만 쓰고 끝낸다. 그야말로 눈 깜짝할 사이에 쓸 수 있어서 부담이 없다. A4용지라 여유가 있어 문자뿐만이 아니라 간단한 그림이나 도형도 그려 넣을 수 있다. 공간이 부족할까 봐 깨알 같은 글씨로 촘촘하게 쓸 필요도 없다.
 가로로 쓰는 이유는 현상 과제와 해결책, 지금까지의 문제점과 대응 방법, 시간에 따른 변화 과정 등 써야 할 사항이 많아지기 때문이다. 물론 세로쓰기도 시도해 봤지만 가로쓰기가 훨씬 표현하기 쉽다.

　제목에 밑줄을 긋는 이유는 눈에 띄게 하기 위해서다. 밑줄을 그으면 제목과 그 아래의 4~6줄이 명확하게 구별된다. 파워포인트라면 굵은 글씨로 표시하겠지만, 손 글씨인 경우는 밑줄만 획 그으면 그만이다.

　오른쪽 위에는 연월일을 숫자로만 적는다. 보통 '2025-1-23' 처럼 간략하게 쓴다. 이것이 가장 보기 쉽고, 쓰는 데 번거롭지도 않기 때문이다. 메모 쓰기는 제목, 날짜, 본문까지 전체 내용 1페이지를 1분 이내에 쓰는 속도가 중요하기 때문에 연월일까지 쓸 여유가 없다.

제목 쓰는 방법

메모에 쓰는 주제, 즉 제목은 뭐든 상관없다. 머리에 떠오르는 대로 망설임 없이 쓴다. 예를 들면 이런 느낌이다.

<u>일과 관련된 제목</u>
- 어떻게 하면 업무 속도를 높일 수 있을까?
- 일이 잘될 때와 안될 때
- 어떨 때 일이 중단되는가?
- 기획서를 빨리 매듭짓는 방법은?
- 오늘내일 중으로 처리해야 할 일
- 다음 주 회의 준비
- 상사와 커뮤니케이션하는 방식

- 다른 부서와의 커뮤니케이션을 더 원활하게 하려면?
- 과장이 되면 하고 싶은 일
- 나의 장점은 무엇인가? 어떻게 강화할 것인가?

영어 공부와 관련된 제목

- 어떻게 하면 매일 30분씩 영어 공부를 할 수 있을까?
- 알파벳 L과 R 소리를 잘 구분해서 들으려면?
- 알파벳 L 발음을 명료하게 하려면?
- 정확한 발음을 익히려면?
- 어휘력을 어떻게 늘릴 것인가?
- 단어는 3000개 정도 외우면 될까?
- TOEIC 준비는 어떻게 할 것인가?
- TOEIC을 이용해 어떤 식으로 영어 실력을 강화시킬 것인가?
- 단기간에 듣기 능력을 끌어올리는 방법은?
- 영어 드라마와 팟캐스트를 어떻게 활용할 것인가?

미래와 관련된 제목

- 내가 정말로 하고 싶은 것은 무엇인가?
- 내가 잘하는 것은 무엇인가?
- 나의 적성은 어느 쪽인가?
- 지금 당장 해야 할 것과 미래를 대비한 활동을 어떻게 구분할

것인가?

- 미래를 준비하면서 지금 최대의 성과를 거두려면?
- 미래의 비전을 어떻게 정리할 것인가?
- 미래를 위해 미리 배워야 할 것은?
- 이직 준비를 어떻게 할 것인가?
- 이직의 장점과 단점은?
- 이직과 관련해서 확인해야 할 사항

독서와 관련된 제목

- 어떤 책을 읽고 싶은가?
- 읽는 책의 분야별 균형을 어떻게 맞출 것인가?
- 앞으로 1년 동안 읽고 싶은 책은?
- 책을 읽은 후 유용하게 활용하는 방법은 무엇일까?
- 독후감은 어떻게 기록하고 정리할 것인가?
- 독서로 얻은 지식과 노하우를 절반이라도 활용하려면?
- 독서 속도를 높이는 방법
- 이틀에 책 한 권을 읽으려면 어떻게 하는 게 좋을까?
- 다른 사람에게 추천하고 싶은 책
- 효과적인 책 추천 방법

시간 활용법과 관련된 제목

- 다음 주까지 처리해야 할 일
- 이번 달에 반드시 실행할 것
- 결정한 일을 반드시 실천하려면?
- 우선순위를 정하는 방법
- 이동 시간을 효율적으로 보내려면?
- 일 처리가 빠른 사람은 시간을 어떻게 관리하는가?
- 낭비되는 시간을 줄이는 방법
- 나에게 생산성이 높은 시간과 상황은? 그것을 어떻게 확장시킬 것인가?
- 하루 일과 계획표를 활용하는 방법
- 좀 더 아침형 인간으로 변하려면?

건강 관리와 관련된 제목

- 건강 관리를 잘 하려면?
- 아침 식사를 거르지 않으려면?
- 이번에야말로 꼭 다이어트에 성공하려면?
- 이번 주 저녁 식사 메뉴
- 감기에 걸리지 않기 위한 노력
- 수면 시간을 어떻게 확보할 것인가?
- 몇 시에 자서 몇 시에 일어나야 가장 효과적인가?

- 효과를 높이는 영양제 복용 방법
- 생활 습관 개선 방법
- 건강검진은 몇 년마다 받는 게 좋을까?

사생활과 관련된 제목

- 그(그녀)와의 관계를 어떻게 하면 원만하게 이끌어 갈 수 있을까?
- 그(그녀)는 무엇에 관심이 있을까?
- 어떻게 하면 내게 좀 더 신경을 쓸까?
- 좀 더 부드럽게 말하는 대화법은?
- 고민을 잘 들어주려면 어떤 태도를 취해야 할까?
- 이번 주말에는 어디에 갈까?
- 개인 시간을 방해하지 않고 존중하는 방법
- 다툼을 없애는 방법
- 일과 사생활의 균형을 맞추는 방법
- 중학교, 고등학교 친구와 어떻게 관계를 유지할 것인가?

이처럼 머리에 떠오른 말을 제목으로 정한다. 어렵게 생각할 건 하나도 없다. 어렵게 생각하면 안 된다. 남에게 보이는 게 아니니 머릿속에 떠오른 문장 그대로 A4용지 왼쪽 위에 간결하게 쓴다.
'의문형'이든 '~하는 방법'이든 표현은 아무래도 상관없다. 내 경우에는 의문형이 좀 더 쓰기 쉽게 느껴진다. 이 책에서는 약 70개 정도의 주제를 예로 들었는데 의문형일 때가 많다.

비슷한 제목이어도 괜찮다

오늘 어떤 제목으로 메모를 썼는데, 내일 또 비슷한 말이나 문장이 떠오를 때가 있다. 그럴 때는 망설임 없이 또 한 번 쓴다. 어제 어떻게 썼는지 다시 읽어 볼 필요는 없다. 다시 읽지 말고 머리에 떠오르는 대로 또다시 쓴다. 사흘 후에 또 비슷한 제목이 떠오르면 그 주제로 메모를 쓴다. 돌아보지 말고 그냥 써 내려간다.

그렇게 몇 번이고 써서 머릿속이 정리되면, 그 제목이나 주제에 관해서는 더 이상 메모를 쓰고 싶은 마음이 들지 않는다. 신경이 쓰였던 점과 대처 방안이 명확해져 굳이 메모를 쓸 필요가 없어지기 때문이다.

예를 들면 내가 맥킨지에 들어갔을 때 팀장에게 인터뷰 정리법, 분석 방법, 고객팀의 관리 방식 등을 잇달아 배웠다. 그것을 나름대로 깊이 이해하려고 열심히 메모로 작성했다.

그때 인터뷰에 관해서 이런 제목으로 메모를 썼다.

- 인터뷰 결과를 정리하는 방법
- 인터뷰를 순조롭게 진행하려면?

- 인터뷰 중에서 중요한 점을 도표로 작성하려면?
- 인터뷰 중에 특히 중요한 점을 파고들려면?
- 인터뷰 후에 곧바로 정리하려면?
- 인터뷰 내용 정리 방법
- 인터뷰 결과를 곧바로 정리해서 보고서를 쓰려면?
- 인터뷰를 원활하게 진행시키고 곧바로 정리하려면?

한 번에 쓴 게 아니고, 몇 주에서 몇 달에 걸쳐서 생각이 날 때마다 쓴 제목이다. 모두 다 비슷비슷한 제목이라 몇 번씩 쓸 필요가 없다고 생각하는 사람도 많을 것이다. 실제로 나 역시 이런 방식을 그만두고, 전에 썼던 메모를 찾아 거기에 추가로 기입하려 한 적도 몇 번이나 있었다.

그런데 실제로 해보면 그런 방식으로는 생각보다 내용이 잘 정리되지 않는다. 제일 나은 방법을 모색하기 어렵고 온전히 이해하기 힘들다는 것을 알아차렸다. 무엇보다 전에 쓴 메모를 늘 들고 다니는 게 아니라서 금방 찾을 수 없다. 만약 집의 서재에 있더라도 그 메모를 1~2초 만에 찾기는 어렵다. 이런저런 이유로 시간을 낭비하고 고민하는 사이 맨 처음 번뜩인 생각이 어딘가로 사라져 버리니 안타까운 일이다.

어차피 1분이면 다 끝낼 수 있으니 기억에 의존해서 새롭게 다시 쓰는 게 훨씬 효율적이다. 게다가 나중에 찾아서 비교해 보면 맨 처음에 쓴 것보다 한결 좋은 내용으로 메모를 쓴 것을 발견할 수 있다. 머리에 떠오른 생각을 언어화하고, 손으로 직접 글씨를 쓰고, 눈으로 확인하고, 바로 퇴고하는 것이다. 이렇게 매번 되풀이되는 과정이 정리에 큰 도움이 된다.

이렇듯 비슷한 주제로 메모를 5~10페이지 혹은 20페이지 정도 쓰다 보면, 그 주제에 관해서는 이미 완전하게 파악한 느낌이 든다. 마음속에서 큰 변화가 일어난다. 그 시점이 되면 더 이상 검토해야 할 문제나 메모로 써야 할 고민이 아니게 된다. 머릿속에서 충분히 정리되어 명확한 이미지로 그릴 수 있는 상태다.

제목을 모아두는 방법

메모 제목이 좀처럼 떠오르지 않는다는 분도 있다. 그런 경우는 우선 〈메모 4〉처럼 A4용지를 가로로 놓고 반으로 접는다. 두 칸 정도 만들어 메모 제목을 모조리 적어두는 방법을 권한다. 공간이 된다면 네 칸으로 만들어도 된다.

다양한 제목	2024-12-1

메모 제목은 잇달아 꼬리를 물며 떠오르기도 한다. 예를 들어 '현수 씨와 커뮤니케이션하는 방식'이라는 제목을 떠올리면, 거기에 7~8명을 덧붙여서 같은 제목으로 쓰면 좋다.

또한 상황별로 살펴보면, '현수 씨와 커뮤니케이션하는 방식'뿐만 아니라 '현수 씨가 기분이 나쁠 때 커뮤니케이션하는 방식', '현수 씨가 기운이 없을 때 커뮤니케이션하는 방식', '현수 씨랑 한잔하러 갔을 때 커뮤니케이션하는 방식' 같은 제목이 잇달아 떠오른다.

다양한 제목들을 100개쯤 정리해 놓으면, 제목이 떠오르지 않을 때 힘들이지 않고 메모를 쓸 수 있다.

메모 4. 메모 제목　　　　　　　　　　2024-12-1

- 현수 씨와 커뮤니케이션하는 방식
- 동료와 커뮤니케이션하는 방식
- 부모와 자녀가 커뮤니케이션하는 방식
- 상사나 선배와 커뮤니케이션하는 방식
- 거래처와 커뮤니케이션하는 방식
- 컴플레인이 있을 때 커뮤니케이션하는 방식

- 현수 씨가 기분이 나쁠 때 커뮤니케이션하는 방식
- 현수 씨가 기운이 없을 때 커뮤니케이션하는 방식
- 현수 씨랑 한잔하러 갔을 때 커뮤니케이션하는 방식
- 회의를 예정 시간에 맞게 끝내려면?
- 회의 준비를 확실하게 하려면?
- 회의에서 의견이 대립하였을 때는 어떻게 할 것인가?

- 회의에서 화이트보드를 유용하게 활용하려면?
- 회의에서 발언을 좀 더 이끌어 내려면?
- 회의에서 결정한 합의 사항을 확실하게 실행하려면?
- 메일 답장을 바로바로 보내려면?
- 어떨 때 메일 답장을 바로바로 보낼 수 있나?
- 어떨 때 메일 답장을 보낼 시기를 놓치는가?

본문 쓰는 방법

　메모는 제목, 본문 4~6줄, 각 줄의 내용 20~30자, 날짜를 모두 1분 안에 쓰는 것이다. 머리에 떠오른 대로 곧바로 쓴다. 복잡하게 생각하지 말고 느낀 대로 쓴다. 구성이나 어휘 선별에 신경 쓰지 않고 쓰면 된다.

　1~2줄밖에 생각이 안 나는 사람도 있지만 걱정할 필요 없다. 금방 더 많이 쓸 수 있게 될 테니 조금만 더 노력해 주길 바란다. 내가 메모 쓰기를 가르칠 때는 일단 먼저 시계를 보면서 1분이 어느 정도의 여유인지, 얼마나 서둘러야 하는지 이해시킨다. 그렇게 하면 채 10페이지를 쓰지 않고도, 1페이지를 1분 이내에 쓸 수 있게 되어서 다들 놀라워한다.

　각 줄은 문장부호 '대시(—)'로 시작하고, 아래의 예처럼 문장 원쪽에 붙여서 써 나간다. 왼쪽에 붙이는 이유는 오른쪽에는 보충 내용을 덧붙이는 경우도 있기 때문이다.

> 메모 쓰는 방법   2024-12-1
>
> - 메모는 왼쪽 위에 제목을 쓴다.
> - 4~6줄, 이런 식으로 본문을 쓴다.
> - 1페이지를 1분 이내에 쓴다.
> - 자기가 읽을 수 있는 글씨면 충분하다.
> - 각 줄의 내용은 어느 정도 상세하게 쓴다.

메모 5. 메모 제목

2024-12-1

- 메모는 왼쪽 위에 제목을 쓴다.
- 4~6줄, 이런 식으로 본문을 쓴다.
- 1페이지를 1분 이내에 쓴다.
- 자기가 읽을 수 있는 글씨면 충분하다.
- 각 줄의 내용은 어느 정도 상세하게 쓴다.

글씨 크기나 줄 간격은 A4용지를 기준으로 위의 필기체 메모 정도 균형이면 된다. 이것을 보기 좋게 고친 것이 〈메모 5〉다. 되도록 이 균형에 맞춰서 쓰길 바란다. 글씨가 너무 작으면 책상 위에 메모를 늘어놨을 때 약간 보기 힘들다. 반대로 글씨가 너무 크면 1페이지에 4~6줄만 써도 빠듯해져 추가 그림이나 도표를 자유롭게 그리기 어렵다.

또한 메모 쓰기가 익숙해져 좀 더 많이 쓸 필요가 생겼을 경우에는 공간이 부족해진다. 막힘없는 자유로운 발상으로 머리에 떠오른 생각을 빠짐없이 써 나가기 어렵다.

각 줄의 내용을 구체적으로 쓴다

각 줄의 내용이 너무 짧으면 구체성이 떨어지고 해결되는 방향으로 나아가기 어렵다. 모호한 머릿속을 언어화시키는 과정이므로 20~30자로 쓰라고 권장한다. 그 정도 분량이면 너무 길지 않아 한번에 내용 파악이 가능하면서도 세세한 편이라 다음 단계를 구상할 수 있다.

〈메모 6〉은 각 줄이 10자 이내로 매우 짧다. 이런 분에게 개별적으로 질문해 보면, 더 자세하게 쓰고 설명할 수 있는 사람이 대부분이다. 요컨대 신중하게 쓰지 않았을 뿐이다. 이것은 매우 안타까운 일이다. 머릿속의 생각을 잘 표현해 내고, 걱정거리나 아이디어를 눈에 보이는 형태로 바꿀 수 있는 모처럼의 소중한 기

> **메모 6.** 회의 시간을 단축하기 위해
> 2024-12-1
>
> - 의제를 정한다.
> - 자료 배포
> - 발언을 짧게
> - 화이트보드 활용
> - 참석자 한정
>
> 나쁜 예 : 문장이 너무 짧아서 구체성이 결여되었다.

회를 잃어버렸기 때문이다.

　예를 들면 '의제를 정한다'는 문장만으로는 의제를 정한 뒤에 무엇을 어떻게 하겠다는 것인지 알 수 없다. 언제, 어떤 이유로 필요한 의제인지도 알기 어렵다. '자료 배포'라는 말 역시 마찬가지다. 어떤 자료인지, 어떻게 배포할지, 배포하는 목적은 무엇인지 전혀 알 수 없다. '발언을 짧게'는 요점이 뭔지는 알겠지만, 어떤 화법으로 짧게 말할 건지 구체적인 실현 방법이 전혀 보이지 않는다. '화이트보드 활용' 역시 화이트보드를 사용해서 무엇을 하고 싶은 것인지 알 수 없다. '참석자 한정'에 이르러서는 줄여도 괜찮을지, 줄이면 어떤 면에서 좋은지 알기 어렵다.

> **메모 7.** <u>회의 시간을 단축하기 위해</u>
>
> 2024-12-1
>
> - 회의 의제를 명확히 정하고, 사전에 통지해서 기대치를 설정한다.
> - 회의에 필요한 자료는 최소한 며칠 전에 배포해서 설명 시간을 반으로 줄인다.
> - 개개인의 발언은 요점을 추려서 진행해 달라고 반복적으로 요청한다.
> - 논의 내용을 화이트보드에 정리해서 중복을 피한다.
>
> 좋은 예 : 문장이 충분히 길어서 내용이 구체적이고 명확하다.

따라서 〈메모 6〉처럼 쓰는 것이 아니라 〈메모 7〉처럼 쓰라고 권장한다. 그렇게 하면 위에서 언급했던 의문이나 모호함이 사라져, 〈메모 6〉보다는 훨씬 구체적인 메모가 된다.

메모의 각 줄은 20~30자, A4용지 가로 폭의 3분의 2에서 4분의 3 정도의 길이가 된다. 이런 형식으로 비로소 머리에 떠오른 생각, 아이디어, 과제 등을 충분히 구체적으로 정확하게 쓸 수 있다.

처음에는 그다지 만족스럽지 않을 때도 있지만 걱정할 필요는 전혀 없다. 금방 할 수 있게 된다. 페이지의 제목에 맞춰 머리에 떠오른 생각을 그대로 받아 적는 것뿐이다.

노력해서 4~6줄을 쓴다

메모의 본문은 4~6줄을 원칙으로 삼지만, 처음 한동안은 도무지 생각이 떠오르지 않을 수 있다. 그런 경우에도 최소한 3줄은 쓰는 게 좋다. 1000명이 넘는 분들에게 메모 쓰기를 실행해 본 결과 조금만 노력하면 누구나 가능하다. 누구나 반드시 뭔가를 떠올리게 마련이고, 순간 생각난 것을 글로 쓰는 것뿐이다. 익숙하지 않은 사람도 20~30페이지를 써 내려가다 보면 어느새 잘 쓸 수 있게 된다.

특히 남성보다는 여성의 경우 커뮤니케이션에 부담을 덜 느낀다. 그래서 메모 쓰기를 시작하는 순간부터 줄줄 써 나가는 사람이 많다. 쓰는 모습을 지켜봐도 아주 즐거워 보인다. 아이디어가 꼬리를 물며 떠오르는 느낌이고, 시간을 제한하지 않으면 언제까지고 계속 쓰겠다 싶을 정도다. 불가사의할 정도로 거의 예외가 없다.

한편 남성의 3분의 1 정도는 처음에만 약간 힘들어 한다. 노력해 봐야 겨우 2줄 정도 쓸뿐더러 단문으로 끝내는 사람도 많다. 그러나 워크숍에서 메모 쓰기에 관해 소개하고, 즉석에서 10페이지를 쓰게 해보면 나름대로 모두 쓸 수 있게 된다. 처음에는 조금밖에 못 쓰더라도 포기하지 않고 1페이지를 1분에 맞춰 써 나가다 보면 금세 익숙해진다.

본문을 4~6줄 분량으로 쓰라는 데는 이유가 있다. 뽑아낸 제목과 관련해서 머릿속에 떠오른 생각들을 써 보면 대개는 4줄 이상이 된다. 3줄로 끝나는 경우는 거의 없다. 아무래도 대전제와 소전제로 이루어져서 결론을 유추하는 삼단논법보다는 기승전결이 더 편안하게 이해되기 때문에 4줄을 쓰는 것 같다는 생각도 나름 해봤다.

그렇다면 6줄까지 쓰라는 이유는 뭘까. 그것은 머릿속을 늘 정리해 두기 위해서다. 그냥 줄줄이 써 내려가다 보면 중요한 것과 중요하지 않은 것이 뒤죽박죽 섞이기 마련이다. 수준이 다른 것들까지 자꾸 한꺼번에 쓰고 만다. 때문에 좀 더 쓰고 싶어도 최대 6줄에서 멈추라고 권한다. 그 이상 쓰고 싶을 때는 대체로 어떤 항목의 하위 항목인 경우가 많았다.

예를 들어 쓰려고 마음먹은 중요한 네 가지 항목이 A, B, C, D 순서로 머릿속에 떠올랐다면, 다음과 같이 쓰는 게 좋다.

- A
- B
- C
- D

신기하게도 이것은 중요도의 순서이기도 하다. 대체로 가장 신경이 쓰이는 것이 머릿속에 먼저 떠오르기 마련이다. 그것이 곧 가장 중요하기 때문이다. 신경이 안 쓰이는 것이 먼저 떠오르는 경우는 거의 없다. 다시 말해 대부분은 퍼뜩 떠올라서 써 내려간 순서대로 중요한 사항을 정리할 수 있다. 인간의 머리는 아주 잘 만들어져 있기 때문이다.

  주어진 시간이 1분뿐이라 1줄에 20~30자를 쓰려고 하면 대부분 많이 써야 4줄, 잘 쓰는 사람도 5~6줄이다. 1분이라는 시간 제한을 두는 이유에는 쓸데없는 생각을 막으려는 의도도 들어 있다.

  아주 가끔 무시무시한 기세로 써 내려가는 사람이 있다. 1분으로 제한했는데도 7~10줄은 거뜬하게 쓰는 사람이 있다. 그런데 그렇게 많이 쓰고 싶을 때는 내용을 어떻게 나누어야 할지 모르는 경우가 많다. 메모로 쓰면 다음과 같은 느낌이다.

- A
- B1 ⎫
- B2 ⎬ B
- C
- D1 ⎫
- D2 ⎬
- D3 ⎬ D
- D4 ⎭

- 서울특별시
- 충청남도
- 인천광역시
- 경상북도
- 춘천시
- 경기도
- 수원시
- 부산광역시

요컨대 원래는 같은 수준의 A, B, C, D를 써야 맞는데, B, D와 관련해서 한 단계 아래 수준까지 쓰는 것이다. 예를 들면 특별시, 광역시, 도의 행정 구역이 섞여 있는 경우와 같다.

 한두 가지 뒤섞여 있을 때는 그나마 정리되기도 하지만 쉽게 알아보기 힘든 경우도 있다. 그러나 그것도 조금만 주의하면 혼란이 사라진다. 휙 써도 같은 수준으로 재빨리 쓸 수 있게 된다.
 그런 까닭에 처음에는 4줄 이상, 최대일 경우에도 6줄 이하로 쓰고 멈추라고 권하고 있다. 많이 쓰려고 하면 위와 비슷한 오류를 범할 수 있고, 처음에 무엇을 쓰고 얻으려고 했는지 목적이 흐려질 수 있기 때문이다.
 1분에 7~10줄을 쓰는 분은 두뇌 회전이 상당히 빠르고, 머릿속에 떠오른 생각을 재빨리 언어화할 수 있지만, 구조적으로 정리해서 사고하는 면에서는 서툰 경우가 많기 때문에 일부러라도 의식하며 써야 한다.
 '구조적으로 정리해서 사고하는 게 서툴다는 말'은 뭐가 중요하고 뭐가 중요하지 않은지 평소에 생각하지 않고, 우선순위도 별로 고려하지 않는다는 뜻이다. 다만, 이런 부분을 피드백 해도 뭔가 확 와닿는 개념이 아니기 때문에 이해하지 못할 때가 종종 있다. 그런 경우에는 다음과 같은 쓰기 방식을 권하고 있다.

```
- A
- B
  • B1  • B2
- C
- D
  • D1  • D2  • D3  • D4
```

이처럼 A, B, C, D를 문장부호 '대시(―)'로 상위에 나열하고, 각각의 세부 항목은 '도트포인트(•)'로 표시해 덧붙이는 형태로 메모를 쓰라고 권하고 있다.

메모 8. <u>긍정적인 피드백을 하기 위해</u>

2024-12-1

- 긍정적인 피드백을 좀 더 많이 하고 싶다.
- 매일 최소한 5회 이상 해보자. 월요일부터 금요일까지 실천하면 30회다.
- 칭찬과 노고, 위로와 조언을 적절하게 섞자.
- 과연 잘 될지 걱정되지만 일단은 해보자. 그러면 늦든 빠르든 결과는 반드시 나오겠지.

메모 9. 긍정적인 피드백을 하기 위해

2024-12-1

- 긍정적인 피드백을 좀 더 많이 하고 싶다.
  - 팀원에게
  - 협력 기업의 직원에게
- 매일 최소한 5회 이상 해보자. 월요일부터 금요일까지 실천하면 30회다.
  - 오전 2회, 오후 3회
  - 주말에도 가능하면 4회씩×2

- 칭찬과 노고, 위로와 조언을 적절하게 섞자.
- 과연 잘될지 걱정되지만 일단은 해보자. 그러면 늦든 빠르든 결과는 틀림없이 나오겠지.
  - 잘 안 되더라도 리스크는 전혀 없다.
  - 전부터 하려고 마음먹었던 일이니 하면 된다.

더욱 자세히 쓰는 방법 : 4~6줄 중 어느 항목에는 서브 항목이 붙는다. 문장부호 '도트포인트(·)'로 표기하면 된다. 특히 자세히 쓰고 싶을 때 참고해 보자.

예를 들면 처음에는 〈메모 8〉의 형태가 된다. 일단은 통상적인 4~6줄 메모다. 여기에 도트포인트(·)를 넣으면 〈메모 9〉가 된

다. 그렇게 함으로써 긍정적인 피드백을 누구에게 할 것인지, 매일 5회를 어떻게 실행할 것인지 구체적으로 서술하고 있다. 또한 실행해도 리스크는 없으니 당장 실천해 보자는 마음가짐까지 갖게 된다.

쓰는 순서는 신경 쓰지 않는다

글로 써낸 4~6줄의 구조나 순서는 전혀 개의치 않는다. 기승전결이니 귀납법이니 연역법이니 복잡하게 생각하면 두뇌 회전이 갑자기 늦어져 버린다.

신기하게도 이렇게 내키는 대로 그냥 쓰기만 해도 기승전결이 자연스럽게 완결되거나 이해하기 쉬운 순서로 써진다. 대략 메모 쓰기를 4일에서 5일 정도 하는 동안 40~50페이지쯤 쓰면 그렇게 된다. 아무런 고생이나 노력 없이 그냥 많이 쓰기만 해도 자연스럽게 가능해진다는 게 장점이다.

인간이 타고난 능력은 대단하다. 그러나 '뭔가 해내야 한다, 어떤 규칙에 따라야만 한다, 멋있게 해내야 한다'고 생각하는 순간, 압박감에 제대로 작동하지 않게 된다. 요령 있게 하려는 욕심 때문에 브레이크가 걸리는 것이다.

메모 쓰기를 할 때는 '멋있게 할 필요 없어, 머릿속에 떠오르는 대로 그냥 쏟아내기만 하면 돼'라는 생각으로 편안하게 시작하자. 무엇이든 쓰고 보는 습관이 성공의 필살기가 될 것이다.

메모의 포맷은 반드시 지킨다

 메모 쓰기를 설명하고 연습을 시키면 언제나 평판이 매우 좋다. '눈이 번쩍 뜨였다. 앞으로 매일 쓰겠다!'는 반응이 아주 많다. 그런데 열심히 하겠다는 마음가짐은 좋은데 A4용지에 세로쓰기를 하거나, 노트에 쓰거나, 반을 나눠서 쓰는 식으로 양식을 바꾸는 분이 있다.

 이 책에서 설명하는 '메모 쓰기'는 다른 방식을 수없이 시도해 보고 지금의 방식으로 안정시킨 후, 몇만 페이지를 넘게 쓰며 연구한 결과물이다. 따라서 상당히 완성도 높은 쓰기 방식으로 자리 잡았다.

 언뜻 보기에는 별 것 아닌 것 같겠지만, 시행착오를 겪으면서 깨달은 아이디어가 많이 담겨 있다. 그런 배경에 대한 이해 없이 단순하게 이런저런 궁리를 하면, 힘들게 완성한 노하우가 제힘을 발휘하지 못할 수도 있다.

 일단은 포맷에 대한 궁리보다 내용에 주력해 주길 바란다. 몇백 페이지를 써 나가다 보면 틀림없이 현재 완성형의 이유를 납득할 수 있을 것이다. 최소 몇천 명의 사람들이 직접 쓰고 얻은 결과이니, 우선은 내용 면에서 노력해 주길 바란다.

 이것은 테니스나 골프 혹은 피아노를 처음 배울 때와 마찬가지다. 라켓을 지금보다 두 배 큰 거로 바꾸고 싶다거나, 잘은 모르지만 이렇게 휘두르고 싶다거나, 피아노는 네 손가락으로만 치고 싶다는 등 다양한 상상을 한다. 어떤 방식이나 자세, 혹은 고급 장비가 더 멋있다고 한들 아무런 의미가 없다.

 진정으로 성장하는 사람은 순순히 흡수해 가면서 어느 정도 수준에 이르면 자연스레 그 위를 목표로 삼고, 자신만의 방법을 터득한다.

떠오른 생각은
뭐든 다 쓴다

 메모 쓰기의 포맷을 이해했다면 자연스럽게 다음 질문이 따라온다. 그렇다면 메모에는 구체적으로 무엇을 써야 할까.
 떠오른 생각, 신경 쓰이는 것, 의문점, 다음에 해야 할 일, 자신의 성장 과제, 화가 나서 용서할 수 없는 일 등 머릿속에 떠오른 것은 뭐든 다 좋다. 머릿속에 떠오른 그대로 쓰면 된다. 남에게 보이는 게 아니니 싫어하는 사람의 이름까지 얼버무리지 말고 고스란히 다 쓴다. 모든 것을 구체적으로 쓸수록 초점에서 벗어나지 않게 쓸 수 있다. 염려는 금물이다. 직접적으로 솔직하게 쓰면 쓰레기를 집 밖으로 버린 것처럼 개운해진다. 마음속을 정리정돈하고, 내가 뭘 고민하고 있는지 명확하게 응시할 수 있어서 고민도 큰 폭으로 줄어든다.

안 좋은 일, 신경 쓰이는 일, 화가 나지만 어떻게 해야 할지 모르는 일은 우리를 심하게 괴롭힌다. 최악이었던 상황이 떠올랐다가 사라지고 또다시 떠오른다. 부정적인 일일수록 그런 생각을 떠올리는 자기 자신이 싫어서 생각하지 않으려고 애쓴다.

하지만 애를 써도 싫은 일은 싫은 일이라 순간적으로 문득문득 떠오른다. 지우개로 깨끗이 지워버리고 싶어진다. 그러나 지금까지는 머릿속을 소거하는 것은 불가능했다.

우리의 뇌는 정말로 끔찍한 상황에 관한 기억을 지워버릴 때가 있다. 그러나 사실은 지워지는 게 아니라 깊은 상처로 남기 때문에 기회가 있을 때마다 트라우마로 드러나서 우리의 행동을 속박한다.

그런데 A4용지에 1건 1페이지로, 게다가 1분 이내에 싫은 일에 관해 써 나가면, 그때마다 정말로 지우개로 지우는 것처럼 마음의 상처가 조금씩 옅어진다. 마음속을 짓누르던 진흙이 밖으로 빠져나가는 느낌이다.

떠올리고 싶지 않은데도 자기도 모르게 저절로 떠오르는 상처와 막막했던 상황을 쓰다 보면 어느새 출구가 보이기 시작한다. 누구에게도 털어놓지 못했던 고민이나 싫은 상대의 이름까지 눈앞의 종이에 적어나가면, 신기할 정도로 자기 마음은 안정을 찾아간다. 친구에게 세 시간씩 푸념을 늘어놓는 것보다 훨씬 효과적이다.

왜냐하면 상대의 이름과 함께 어떤 면이 싫은지, 무례한 점은 무엇인지, 상대가 얼마나 나쁜 사람인지, 나는 왜 반론할 수 없었는지, 어떻게 되갚아 줄 것인지, 눈앞의 종이에 구체적으로 씀으로써 자신의 심리를 똑바로 응시할 수 있기 때문이다. 그렇게 함으로써 친구에게 얘기만 쏟아내는 것과는 달리, 부정적으로 치닫는 생각이 사라져서 마음의 정리가 훨씬 빨라진다.

글로 쓰지 않으면 몇 번이고 되풀이되었을 상대의 싫은 점, 절대 용서할 수 없는 점을 종이 위에 확정 지음으로써 앞으로 나아갈 수 있다.

제일 친한 친구에게도 말할 수 없는 마음속 깊은 곳의 어두운 부분도 혼자 종이를 앞에 두고 앉으면 얼마든지 써 나갈 수 있다. '넌 대체 어떤 사람이길래 그런 말을 할 수 있어?'라고 손가락질 당할 염려가 없기 때문이다. 자기의 심리 상태에 온전하게 정직해질 수 있다.

메모에 모조리 쏟아낸 후, 그 메모를 보면서 또다시 떠오르는 것, 아무래도 도저히 용서할 수 없는 것, 상대의 최악이자 가장 싫었던 부분 등을 다시 메모에 써 나간다. 정말로 화가 심하게 났을 때는 언제까지고 계속 써도 좋다. 몇백 페이지라도 말이다.

실제로 해보면 알겠지만 실은 그럴 필요가 없다. 아마 20~30페이지만 써도 더는 쓸 내용이 없다는 사실을 알아차릴 것이다. 그것을 알아차릴 무렵에는 자신의 감정과 상황을 어느 정도 객관화할 수 있어서 마음이 안정을 찾는다. 그러면 자신의 어떤 점이 잘못이었는지 깨닫기 시작하고, 앞으로는 어떻게 해야 할지 대처법도 보인다. 더불어 조금 긍정적인 마음도 갖게 된다.

여기까지 1페이지를 1분에 써 나가면 30분 정도다. 아무리 시간을 들여도 1시간쯤 지나면 심리 상태가 꽤 많이 달라진다.

메모는
A4용지 이면지에

　메모를 쓸 때는 이미 사용한 A4용지 뒷면을 사용하는 게 최고다. 불필요한 자료의 뒷면 백지를 메모 용지로 사용한다. 이미 사용이 끝난 종이라면 잇달아 메모를 써 내려가도 거리낄 게 전혀 없다. 양면이 새하얀 종이에 매일같이 10~20페이지씩 써 내려가다 보면 아무래도 좀 아깝다는 생각이 들게 마련이다. 그러나 이면지를 활용하면 걱정 없이 계속 써 나갈 수 있다.

　주변에 활용할 이면지가 별로 없는 경우, 정보력을 높이면서 동시에 이면지를 손에 넣는 다음과 같은 방법을 추천하다.

　성장 욕구가 있는 분에게는 매일 30분가량 인터넷 정보수집에 시간을 투자하라고 권하고 있다. 구체적으로는 매일 페이스북, 트위터의 타임라인, 뉴스 포털, 웹서비스 등에서 제공하는 기사를 대강 읽어 보면 좋다. 요즘 인터넷 매체는 정보수집 도구로는 거의 필수인 데다 메일을 대신하는 커뮤니케이션 기본 툴이므로 꼭 시작하라고 권하고 싶다. 전화기가 발명된 이후 전화기를 안 쓰는 것보다 쓰는 흐름이 세계적으로 확산되었던 것과 마찬가지다. 자기가 관심을 가지는 키워드를 매일같이 추천하고 새로운 기사를 제공해 준다.

내 경우는 좋은 기사를 발견하면 그것을 쓴 블로거나 기자의 기사들을 쭉 훑어본다. 좋은 기사를 쓰는 블로거나 기자는 내용이 깊은 글을 쓸 확률도 매우 높기 때문이다. 그때 대부분의 기사는 읽고 지나치지만, 특히 중요하다고 여겨지는 기사는 출력한다. 손에 들고 읽으며 형광펜으로 표시해도 좋다. 감상 또는 코멘트를 댓글로 작성해 중요한 내용을 더욱 깊이 이해하고 내 것으로 만들 수도 있다. 이런 과정을 통해 익히는 정보 감각과 정보력은 북마크나 휴대폰 애플리케이션 노트로는 도저히 따라갈 수 없다. 형광펜으로 표시하거나 감상평 혹은 생각을 짧게 작성한 후 주제별로 클리어파일에 보관한다.

기사를 출력하면 대부분의 경우 기사 뒤에 이어지는 광고 페이지가 여러 장 따라 나온다. 기사와 광고 페이지를 구분하기 어렵고, 확인하면서 출력하면 시간만 걸려서 나는 개의치 않고 그냥 출력한다. 그것이 이면지가 되는 셈이다. 물론 오래된 A4용지를 메모지로 사용하는 경우도 많다.

매일
10페이지씩 쓴다

메모는 매일 10페이지를 쓰라고 권하고 있다. 1페이지를 1분에 쓰기 때문에 하루에 10분 정도밖에 안 걸린다. 게다가 한 번에 모아서 쓰는 게 아니라 생각이 날 때 재빨리 휙 써 내려간다. 생각이 떠오른 순간에 받아 써야 두뇌 회전이 빨라지고 발상을 더욱 자극할 수 있으니 나중에 몰아서 쓰지 않는 게 좋다. 무엇보다 나중에 쓰려면 어떤 아이디어였는지, 무슨 생각이었는지 잊어버리기 쉽기 때문이다.

하루에 10페이지면 별 것 아닌 것 같으니 쓸 수 있는 사람도 많을 것이다. 그런데 사흘에 30페이지, 일주일에 70페이지가 되면 슬슬 싫증이 난다. 어지간한 추진력과 발전 욕구가 없는 사람은 중간에 포기하기 십상이다.

매달 수차례 강연을 하면서 메모 쓰기를 권장하고, 실제로 쓰게 할 때가 많다. 대부분의 사람이 매우 기뻐하고 꼭 계속 쓰고 싶다고 말한다. 그러나 안타깝게도 실제로 계속 쓰는 사람은 소수에 불과하다.

하루에 10페이지면 2주에 140페이지, 한 달이면 300페이지, 반년이면 1800페이지가 된다. 불과 1분 만에 쓰는 간단한 메모라도 이 정도 분량이면 상당하다.

매일 10페이지씩 10분간 메모를 쓰는 것만으로도 3주 정도면 누구나 상당한 보람과 자기 성장을 실감할 수 있다. 회의에서 다른 사람의 얘기가 전보다 훨씬 이해하기 쉽고, 자신의 발언 역시 귀 기울여 듣게 만들 수 있다. 조바심을 내지 않게 되고, 예전보다 자신감이 생긴다.

그렇다면 5페이지나 20페이지도 아닌 10페이지를 쓰라는 이유는 무엇일까? 물론 나도 여러 방면으로 시도해 봤다. 그 결과 20~30페이지를 쓰고 싶을 때도 간혹 있지만, 평균을 내보면 하루에 10페이지를 쓰면 그날 신경이 쓰였던 것과 떠올랐던 생각을 거의 다룰 수 있다는 것을 알았다.

당연히 좀 더 많은 생각을 할 테지만, 쓰면 쓸수록 머리가 정리되어서 평균적으로 하루에 10건을 쓰면 충분하다. 무엇보다 일주일 동안 1건 1페이지로 70건이나 써 나가다 보면, 어떤 의미에서는 고민과 새로운 아이디어의 소재도 바닥을 드러낸다. 두뇌 회전을 방해하는 걱정거리를 하루에 10페이지 정도 쓰면 충분하다는 생각이 틀림없이 들 것이다.

'아니, 그 말은 좀 이상하다', '나는 매일 수십 개 이상 뭔가를 떠올린다', '아이디어가 무궁무진하게 샘솟는다', '현안 사항이 잇달아 발생한다'고 생각하는 분도 분명 있을 것이다. 그렇다면 매일 30페이지든 40페이지든 쓰면 된다. 그것은 그것대로 훌륭하다.

그러나 실제로 해보면 그다지 오래가지는 않을 것이다. 하루에 10페이지, 즉 10가지 주제로 메모를 쓰는 일은 상당히 힘들다. 하루이틀은 문제없지만, 하루에 10페이지를 쓰는 것도 채 일주일을 넘기지 못하고 포기한다.

이유가 뭘까? 평소에 다양한 생각을 한다고 여기지만, 같은 고민의 반복과 확신이 없는 망설임이 대부분을 차지하기 때문이다. 하나의 사안을 1건 1페이지로 써 나가면, 그 건에 관해서는 일단 결말이 나기 때문에 고민하고 생각해야 할 과제가 급격히 줄어들 것이다. 머릿속에 남아 있어서 매일 많은 생각을 한다고 믿지만 실제는 확연히 다르다. 매일매일 새로운 10가지 고민이나 과제를 떠올리는 것은 결코 쉬운 일이 아니다.

반대로 말하면 메모를 안 쓰면 매일 똑같은 생각만 되풀이하기 때문에 고민은 줄어들지 않는다. 그것은 곧 두뇌를 쓸데없이 사용하고 있고, 시간을 매우 낭비하고 있다는 증거이기도 하다.

떠오른 순간
바로 쓴다

 메모의 본문은 문제점이나 아이디어를 써 나가거나, 기승전결 같은 스토리로 써 나가는 두 가지 방식이 있다. 어느 쪽이든 고민하지 말고 지나치게 생각하지도 말고 그냥 써 내려가는 게 좋다. 머리에 떠오르는 것을 그대로 쓴다. 이것저것 생각하지 말고 느낀 그대로 쓴다. 처음에는 시계를 보면서 1페이지를 1분 이내에 4~6줄 분량으로 쓴다. 좀 더 보충하고 싶은 경우에도 예외적으로 15초 정도 연장하는 선에서 멈춘다.

 1페이지를 1분으로 한정하는 이유는 서두르지 않으면 눈 깜짝할 사이에 3분이고 5분이고 지나가 버리기 때문이다. 많은 사람이 종이를 앞에 두고 몇 분씩 생각에 잠길 게 틀림없다. 끙끙거리며 겨우 두세 줄을 쓰고 멈추거나, 쓰다가 맘에 들지 않아 찢어버린 경험은 아마 누구에게나 있을 것이다.

그러나 문제는 시간을 충분히 들인다고 보다 발전된 내용이 나온다고 장담할 수 없다는 것이다. 보고서든 기획서든 마감 직전의 생산성이 전과 비교해 몇 배나 높아지는 것을 많은 사람이 경험하고 있다. 사람의 머리와 마음은 컴퓨터와 달라서 환경과 상황에 심하게 의존한다.

특히 1건 1페이지 메모는 어렵지 않아서 충분히 시간을 들여서 쓰면 몇 배 좋은 내용을 쓸 수 있을 거라 많이 생각하지만 절대 그렇지 않다. 여러 번 시도해 봤지만 아무 말도 안 하면 시간이 훅 지나가 버리고, 딱히 내용이 풍부해지지도 않는다. 이것저것 고민하고 망설이는 시간만 늘어날 뿐이다. 그렇다면 차라리 단숨에 다 쓰면서 잇달아 다음 단계로 나가는 게 머릿속을 정리하는 데도 훨씬 효과적이다. 모호한 현상을 언어로 고치는 연습이 되고 덩달아 생산성도 높아진다.

단, 서두른다고 해서 거칠고 부정확한 언어로 써도 좋다는 의미는 전혀 아니다. 실제로 아주 적은 노력으로도 알기 쉽고 정확한 언어를 순간적으로 쓸 수 있게 된다. 대화에서는 누구나 이것이 가능하다.

"안녕? 어제 보고회는 어땠어?"
"고마워. 잘됐어."

"다행이군. 부장님이 OK 하셨어?"

"응, 굉장히 마음에 들어 하던데. 조금 의외일 정도야."

"그랬구나. 어느 부분이 좋았을까?"

"유저의 목소리에 성실하게 귀를 기울인 부분을 높이 평가해 주신 것 같아."

"잘됐네. 다음에 유저 인터뷰 요령 좀 가르쳐줘."

이런 대화는 한 치의 망설임도 없이 이뤄진다. 빠르면 아마 15초 정도일 것이다. 채 1분이 걸리지 않는다. 게다가 잘못을 지적할 부분이 없는 완벽한 의사소통이다. 인간에게는 누구나 이런 능력이 갖춰져 있다.

그런데 종이를 앞에 두거나 컴퓨터 앞에 앉으면, 이런 능력이 10분의 1 혹은 그 이하로 떨어져 버린다. 메모 쓰기가 이런 문제를 근본적으로 해결해 준다. 그 실마리가 바로 1페이지를 1분에 완성해 내는 속도감이다.

글씨를 너무 정성 들여 깨끗이 쓰면 시간이 걸리니 자신이 문제없이 읽을 수 있는 수준이면 된다. 메모는 자기 자신을 위해 쓰지만, 익숙해지면 쓴 메모를 복사해서 팀에 배포하거나 경우에 따라서는 상사에게 설명해 줄 수도 있다. 그러기 위해서는 극단적으로 휘갈겨 쓰는 방식은 피하고, 처음부터 균형을 생각하면서 쓰는 습관을 기르는 게 좋다. 그래야 다시 읽거나 정리할 때 보기 쉽다. 되도록 정확하고 적절한 어휘 사용을 염두에 두고 문장을 쓴다. 사실은 깨끗하게 쓰든 마구 휘갈겨 쓰든 실제 시간 차이는 별로 없다.

메모 쓰기 워크숍에서는 메모 쓰기의 취지를 설명하고, 쓰는 방법을 대략적으로 설명하고, 바로 직접 쓰게 해본다. 처음에는 필사적으로 써도 2~3줄이거나 1줄에 5~10자 정도밖에 못 쓰는 분도 꽤 있다.

그런데 몇 페이지를 계속 쓰게 하면, 놀라울 정도로 속도가 빨라진다. 머리가 휙휙 돌아가기 시작하는 것이다. 5페이지, 7페이지를 쓰는 동안 머릿속의 내용을 별 어려움 없이 써낼 수 있게 된다. 맨 처음 메모와 나중에 쓴 메모를 비교해 보면 그 차이는 한눈에 드러난다. 쓰는 줄 수와 문자 수가 크게 달라진다.

처음에는 시계 초침을 확인하면서 반드시 1분 안에 끝내야 한다. 제목, 날짜, 그리고 본문 4~6줄이다. 일단 시작하면 비교적 빨리 1분의 시간 감각이 몸에 밴다. 힘들어하는 사람이 있지만 조금만 참고 연습하면 된다. 그러면 처음에 왜 실패했나 의아해질 정도로 메모 쓰기 기술이 급속하게 향상된다. 누구나 1분 안에 충분히 쓸 수 있게 된다.

1페이지를 1분에 쓸 수 있게 된 후에도 '아, 좀 더 보충하고 싶은데' 하는 마음이 들 때가 간혹 있다. 그런 경우에는 속도감은 유지한 채로 15초 정도 연장해서 보충 내용을 추가하는 게 좋다.

재빨리 쓰는 데 익숙해지면 15초는 매우 귀중한 시간이 된다. 머리가 초고속으로 돌아가는 15초이기 때문이다. 이런 과정을 통해서 시간 감각과 속도감은 점점 더 연마되어 간다.

메모는 쓰고 난 직후에 2~3초 정도 퇴고한다. 다 쓴 순간에 내용을 한 번 더 읽어보는 정도면 된다. 추가하고 싶은 말이 있으면 주저하지 말고 말풍선 모양을 그리고 적는다. 그러나 익숙해지면 그런 시간은 별로 필요치 않다. 문득 생각난 순간, 딱 들어맞는 말이 떠올라서 별다른 어려움 없이 쓸 수 있게 되기 때문이다.

이런 메모 쓰기에 익숙해지면 늘 중요한 것부터 쓰게 되고, 내용이 구체적이라 메모의 퇴고는 거의 필요 없다. 나중에 보면 누가 썼나 싶을 정도로 훌륭한 내용에 놀라는 경우도 있다. 한편 메모를 바탕으로 파워포인트 등의 자료로 정리할 때는 당연히 퇴고 과정이 들어간다. 그럴 때에는 쓴 메모를 보면서 파워포인트에서 가장 적합한 양식으로 표현해 나간다.

또 한 가지 중요한 점은 메모는 생각이 떠오른 자리에서 곧바로 써야 한다는 것이다. 밤에 잠들기 전에 한꺼번에 10페이지를 쓰는 게 아니라, 원칙적으로 떠오른 그 순간에 써야 한다. 뭔가가 마음에 걸리는 그 순간 잊어버리기 전에 써 놓는다. 이런 방식으로 메모 쓰기가 이루어져야 가장 분명하게 메모를 쓸 수 있다.

아이디어는 일생에 단 한 번의 기회나 마찬가지라고 생각한다. 머릿속에 떠오르는 아이디어와의 만남은 두 번 다시 없을지 모르니 바로 써야 한다는 말이다. 종이에 적어두면 더 이상 사라지지 않고 정착해서 내 것이 된다. 자기가 쓴 메모인데도 나중에 다시 읽어보면 좋은 글이구나 하며 감탄할 때가 분명 몇 번씩 있을 것이다.

자기 전에 메모 10페이지를 한꺼번에 쓰려고 하면, 틀림없이 생각났던 내용인데 그 기억이 어디론가 사라지고 없다. 어렴풋이 기억한다 해도 내용이 이미 흐릿해진 후다. 메모로 쓰기 어렵고, 메모를 쓰는 게 차츰 귀찮아지므로 한꺼번에 쓰는 방식은 권하지 않는다. 어쨌든 생각이 떠오른 순간, 바로 그 자리에서 쓰는 게 가장 좋다. 그러면 실은 1페이지를 쓰는 데 채 1분도 안 걸린다. 문장이 조금 짧아지긴 하겠지만 30~40초에도 쓸 수 있는 내용이 많아서 회의 중에도 얼마든지 쓸 수 있다.

생각이 떠오른 순간이란 아침에 잠에서 깬 순간, 출퇴근 시간, 회사에 도착한 순간, 점심시간, 업무 시간, 잠들기 직전 등 모든 시간을 의미한다. 머릿속에 뭔가가 스쳐 지나가는 그때가 최고의 시점이다. 내 경우에는 비행기나 기차처럼 딱히 다른 할 일이 없는 상황에서 생각이 떠오를 때가 많다. 예로부터 책을 읽거나 배우기에 좋은 장소를 '삼상三上'이라 일컬었는데, 이동하면서 문장을 쓰거나 아이디어가 많이 샘솟는 걸 보니 정말로 그 말이 딱 맞는 셈이다.

노트나 일기장에
집착하지 마라

메모를 계속 써 나가면 놀라울 정도로 머리가 맑아진다. 스트레스가 사라진다. 아무것도 개의치 않고 머리에 떠오르는 대로 그냥 받아 적는다. 1건을 1페이지로 완결하기 때문에 전후 관계를 신경 쓰거나 형식에 구애받을 필요가 없다. 차례나 순서도 정해진 게 없기 때문에 떠오른 대로 써 나간다. 방에 떨어져 있는 쓰레기를 그냥 쓸어내는 느낌이다.

정리나 체계화에는 에너지를 전혀 쓰지 않는다. 생산성을 극적으로 향상시키고, 능력을 최고로 발휘할 수 있는 최대 포인트로 이 점이 매우 중요하다. 기획서 작성에 상당한 시간과 에너지를 소모하게 되는 까닭은 체계화시키려고 애쓰다 보니 그것이 스트레스가 되어 두뇌 회전이 둔해지기 때문이다. 보통 사람들은 막대한 시간을 헛되이 낭비한다. 그러나 A4용지 메모 쓰기에서는 아무 고민 없이 망설임도 없이 그냥 쏟아내면 그만이다.

 노트를 이용해서 정리하는 분이 많지만 그 방식은 별로 권장하지 않는다. 나 역시 처음에는 노트에 썼다. 그런데 떠오른 생각, 마음에 걸리는 점을 계속 써 나가면 금세 한 권이 채워진다. 잇달아 쓰기 때문에 한두 달이면 몇십 권에 이른다.

 가장 큰 문제는 떠오른 생각을 쓰는 것은 좋은데 전혀 정리가 안 된다는 점이다. 시간 순서대로 쓰기 때문에 비슷한 내용을 며칠이나 몇 주가 지나서 다시 썼을 경우 정리할 방법이 없다.

 결국에는 나름의 방법을 고안해 인터뷰 방법에 관해 쓴 페이지에는 노란색, 독서에 관해 쓴 페이지에는 파란색, 커뮤니케이션에 관해 쓴 페이지에는 핑크색으로 각각 다른 색 포스트잇을 붙여서 찾을 수 있게 했다. 그러나 이런 방식을 쓰면 포스트잇을 산더미처럼 붙이게 되고, 분류 또한 포스트잇 색 종류로 한정될 수밖에 없다. 그러다 보니 같은 색 포스트잇에도 또다시 소제목을 쓰게 되어서 급기야 수습이 안 되는 지경에 이른다.

 일기장 역시 똑같은 이유로 권장하지 않는다. 우선 노트와 마찬가지로 정리가 어렵다. 게다가 일기장의 성격상 모든 것을 시간 순서대로 쓰게 된다. 시간순으로 쓰면 '그때 그런 안 좋은 일이 있었지'라며 오히려 나쁜 기억을 날짜별로 결합시키는 탓인지 쉽게 잊히지 않는다. 과거를 반성하는 태도는 중요하지만, 일기장이라는 형태로 과거를 고정하는 방식은 머리와 마음을 자유롭게 해방하는 '메모 쓰기' 발상과는 도무지 융화되지 않는다.

 머릿속의 발상을 확대하거나 모호한 감정을 정리하는 데는 일기장에 찬찬히 쓰는 방법보다 1건 1페이지로 A4용지에 쓰는 게 훨씬 쉽고 효과적이다. 기록이라기보다는 머리 밖으로 역동적으로 쏟아내는 느낌이다.

 일기장을 권하지 않는 이유는 세 가지가 더 있다. 첫 번째는 A4 용지보다 비싸다는 점이다. 두 번째는 책장이 닫혀 있으므로 부담 없이 휘갈겨 쓰기가 어렵다는 점이다. 세 번째는 떠오른 생각을 곧바로 받아 쓰면 아마도 2주 정도에 한 권을 다 써버려서 일기장 자체를 정리할 수 없게 된다. 어디에 무슨 내용을 썼는지 도무지 알 길이 없다.

 각 페이지를 말끔하게 떼어낼 수 있는 낱장 노트가 있지만, 이것 역시 별로 권장하지 않는다. 자기 전에 떼어낸다 해도 시간이 꽤 걸린다. 그럴 시간이 있으면 차라리 메모를 한 페이지라도 더 쓰는 게 훨씬 낫다. 게다가 매일같이 대량으로 쓰면, 빠른 시간에 몇 권이나 필요해져서 비용도 꽤 많이 든다.

 많은 사람이 워드, 파워포인트, 엑셀, 키노트 등 컴퓨터를 사용해서 메모를 적으면 된다고 생각한다. 그러나 생각이 떠올랐을 때 재빨리 메모를 쓰고, 대략적인 도형을 그리고, 유형별로 나눠서 다른 A4 자료와 같이 정리하려면 지금의 컴퓨터로는 역부족이다. 무엇보다 컴퓨터는 일단 켜야 쓸 수 있다. 그러는 사이에 머릿속에 떠오른 내용이 달아나 버린다.

키보드를 보지 않고 입력하는 블라인드 터치 blind touch 가 가능한 컴퓨터가 손 글씨보다 훨씬 빠르다고 말하는 분이 있다. 문자뿐이라면 분명 그런 면이 있겠지만, 간단한 도형이라도 그리려면 이러지도 저러지도 못한다. 10초면 그릴 간단한 그림에 5분이나 10분이 걸려서 두뇌 회전이 결국 멈추고 만다.

결과적으로 컴퓨터의 경우는 문자로 쓸 수 있는 내용만 생각하게 되는 것도 문제다. 그림을 그리는 게 훨씬 손쉬운 것도 모두 문자 표현으로만 끝내려 한다. 문자로 표현하기 어려운 것은 자연스럽게 생략해 버린다. 휴대폰이나 태블릿도 마찬가지다. 두 칸 혹은 두 줄 정도의 표를 빠르게 그릴 수도 없으니, 애당초 1분에 4~6줄, 합계 150자를 쓰는 것은 거의 불가능하다. 메모들을 늘어놓고 생각을 깊이 하는 것도 당연히 불가능하다.

전자종이가 아주 저렴해져서 10페이지 정도 늘어놓고 쓸 수 있고, 전원도 신경 쓸 필요가 없고, 또한 손 글씨 그대로 적어 넣을 수 있고, 키보드도 대폭 개선된다면 재고의 여지는 있다. 그러나 단기간에 이뤄질 일들은 아니다. 종이에 쓱쓱 쓰면서 느끼는 홀가분함, 메모를 통한 새로운 발견, 쓴 메모를 7~10개의 파일에 신속히 집어넣을 때 드는 안도감 등이 종이의 장점이며, 지금 상황에서는 이것을 대치할 만한 다른 방법이 없다.

메모 쓰기의
최적화 도구

 메모 1페이지를 1분 안에 다 쓰기 위해서는 필기구의 선택이 중요하다. 글씨를 쓸 때 저항이 있으면 도저히 시간 안에 마칠 수 없다. 추천하는 필기구는 필압이 없이 미끄러지듯 잘 써지는 펜이 좋다. 그리고 마지막까지 번지거나 긁히지 않아서 깨끗하게 써지는 것을 골라야 한다.

 가장 추천하지 않는 것은 샤프펜슬이다. 아마 20~30퍼센트 이상 쓰는 속도가 늦는 것 같다. 오래된 타입의 볼펜도 필압이 필요해서 빨리 쓰기 어렵고, 몇 페이지씩 쓰다 보면 피곤해진다.

 너무 사소한 얘기 같지만 매일 10페이지 이상 지치지 않고 메모를 계속 쓰려면 필기구의 선택도 중요하다.

A4용지에 메모를 쓰게 된 후로 나는 늘 사무실과 집 책상에 A4용지 이면지를 100장가량 준비해 둔다. 서류 가방에도 20장 정도 넣어둔다. 언제 어디서든 생각이 떠올랐을 때 쓸 수 있어야 한다. 해외 출장 때는 날짜에 따라 달라지지만, 만약을 위해 60~70장 정도는 준비해 간다. 해외 출장 때는 자극이 아주 많아서 메모도 많이 쓰고 싶어진다. 모처럼의 기회인 만큼 새롭게 깨달은 점들은 하나도 빠짐없이 받아 적으려고 노력한다.

클립보드를 애용하는 분도 많다. 어느 공간에서 회의를 해도 바로 쓸 수 있기 때문이다. 물론 집에서도 마찬가지다. 개인의 취향에 맞게 언제 어디서든 메모를 바로 쓸 수 있게 준비해 두는 게 중요하다.

클립보드를 사용하는 경우에는 클립 부분을 오른쪽에 두라고 권한다. 메모는 제목과 본문을 모두 왼쪽 끝에서부터 쓰기 때문에 그러는 편이 쓰기도 쉽고, 페이지를 넘길 때 제목을 보기에도 쉽기 때문이다. 물론 매일 밤 잠들기 전에 그날 쓴 10~15페이지를 명확하게 나눠서 파일에 보관한다.

또한 대중교통처럼 A4용지를 펼칠 수 없는 곳에서도 꼭 쓰고 싶을 때가 있다. 그런 때를 대비해서 A4용지를 3면으로 접어두면 언제 어디서나 쓸 수 있다. A4용지를 3면으로 접어 맨 위에 오는 면에 평상시처럼 메모를 쓴다. 가로 폭이 3분의 1이라 좁지만, 나머지는 평소대로 쓰면 된다. 옷 안주머니나 가방에 넣어두고 집으로 돌아와 보관하면 된다.

　이렇게까지 하면서 메모를 쓰는 이유는 나중에 쓰려면 기억나지 않고, 잇달아 새로운 생각이 떠올라서 집중하기 어렵기 때문이다. 무엇보다 생각이 떠오른 순간 적어두지 않으면 순식간에 사라져 버린다. 이렇게 쓴 메모도 다른 메모와 똑같이 활용할 수 있어서 시간 낭비가 전혀 없다.

마음에 담지 말고
메모로 표현하라

　무엇을 써야 할지 몰라서 메모 쓰기를 망설이는 분들이 간혹 있다. 그럴 때 현재 상황과 앞으로의 단계를 설명하는 것이 다음 이미지다.

　누구에게나 기쁘다, 슬프다, 좋다, 싫다, 괴롭다, 하고 싶다, 하고 싶지 않다와 같은 다양한 감정이 존재한다. 감정 다음에는 어떤 생각이 떠오른다. 그 생각을 따라가다 보면 어느 정도 문장이 만들어진다. 그 떠오른 문장을 메모에 옮긴다. 메모로 쓴 후에는 어떤 식으로든 과제 해결에 돌입하는 흐름이다. 그러나 사람마다 차이가 있으므로 그것을 비교해 보았다.

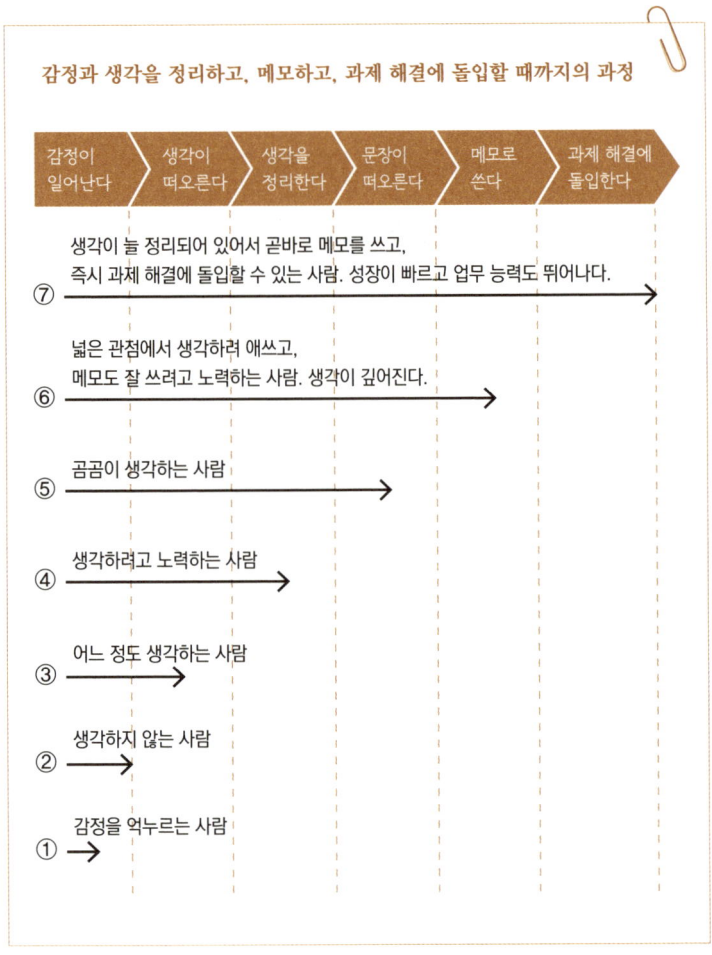

 맨 아래 ①번 화살표는 감정을 억누르는 사람이다. 감정을 억누르면 표현되기 어렵다. 감정이 없는 게 아니라 억눌려 있는 상황이다.

②번 화살표는 생각하지 않는 사람이다. 감정은 겉으로 드러나지만, 생각하는 일에 어려움을 느낀다.

③번 화살표는 많은 사람이 해당되며 어느 정도는 생각하지만, 큰 진전이 있는 것은 아니다.

④번 화살표는 생각하려고 노력하고, 어느 정도 생각을 정리할 수 있는 사람이다.

⑤번 화살표는 곰곰이 생각하는 사람이다. 생각을 바탕으로 어느 정도 문장이 떠오른다.

⑥번 화살표는 넓은 관점에서 생각하려 애쓰고, 메모도 잘 쓰려고 노력하는 사람이다. 당연히 생각이 깊어진다.

⑦번 화살표는 생각이 늘 정리되어 있어서 곧바로 메모를 쓰고, 즉시 과제 해결에 돌입할 수 있는 사람이다. 성장이 빠르고 업무 능력도 뛰어나다. 이 단계를 돌파하면 〈2장〉에서 설명한 '0초 사고'에 도달할 수 있다.

각자 어느 단계에 있는지 체크해 보자.

상황별·요구별
메모의 제목

메모의 제목은 머릿속의 모호한 생각, 문득 머리에 떠오른 생각을 곧바로 받아 적는 게 가장 좋다. 익숙해지면 기분 좋게 써 내려갈 수 있지만, 아무래도 처음에는 막힐 때가 더 많다. 따라서 곤란할 때 참고가 될 만한 제목을 써 보았다. 제목 선정에 딱히 어려움을 겪지 않더라도, 당신의 지금 상황과 딱 들어맞는 제목도 있을지 모른다. 직책이나 이름은 가정해서 넣었으니 그 부분은 구체적으로 바꾸어 활용하면 된다.

마음을 다스린다

상사에게 화가 난 마음을 가라앉히기 위해

- 과장은 왜 그렇게 기분 나쁜 말투로 얘기했을까?

- 과장은 그런 말투로 말하고 어떤 생각을 했을까?
- 과장의 의도는 무엇이었을까?
- 과장은 단지 기분이 나빴던 것뿐일까?
- 그 기분 나쁜 말투를 듣고, 다른 사람들은 어떻게 생각했을까?
- 과장은 누구에게 정중한 말투를 쓰는가?
- 과장은 어떨 때 나에게 좀 더 정중한 말투로 말하는가?
- 내가 과장이라면 어떤 말투를 썼을까?
- 부장의 눈에는 과장이 어떻게 보일까?
- 동료들은 과장을 어떻게 보고 있을까?

<u>힘이 없을 때 조금이나마 힘을 내기 위해</u>
- 나는 어떨 때 힘이 없는가?
- 나는 어떨 때 힘이 나는가?
- 전부터 이랬나?
- 늘 힘이 넘치는 사람은 누구인가? 어떻게 그 힘을 유지하는가?
- 늘 힘이 없는 사람은 누구인가? 이유가 뭘까?
- 늘 힘이 없는 ○○ 씨는 주위 사람들에게 어떻게 보일까?
- 힘이 없는 나를 주위 사람들은 어떻게 볼까?
- 어떻게 하면 힘이 넘치게 보일까?
- 힘이 없어도 힘이 있는 것처럼 행동하면 달라질까?
- 머릿속의 답답한 생각을 밖으로 쏟아내면 조금은 힘이 날까?

긴장감을 낮추고 싶을 때

- 지금 왜 긴장할까?
- 어떨 때 긴장하나?
- 어떨 때 긴장하지 않고 일을 마칠 수 있나?
- 긴장한다는 것은 무슨 의미일까?
- 긴장하지 않을 것 같은 사람은 누구인가? 이유는 뭘까?
- 신경 쓰이는 게 명확해지면, 긴장하지 않을 수 있을까?
- 긴장하면 무슨 일이 일어나는가?
- 전에는 별로 긴장하지 않았는데 왜 변했을까?
- 긴장하지 않은 상태, 나에게 평정심이란 어떤 상태를 말하는가?
- 긴장해도 떨지 않고 행동하는 방법이 있을까?

흥분을 가라앉히고 싶을 때

- 어떨 때 흥분하나?
- 어떨 때 흥분하지 않나?
- 언제부터 흥분하게 되었나?
- 누구에게 흥분하는가?
- 흥분하지 않는 사람은 어떤 특징을 갖고 있는가?
- 그들은 왜 흥분하지 않을까?
- 나도 그들처럼 흥분하지 않으려면?
- 흥분한다는 것은 단순히 감정이 복받치는 걸 의미하는 걸까?

- 흥분해도 상관없다고 생각하면 어떨까?
- 흥분해도 결과를 내면 똑같은 게 아닐까?

자의식과잉에 빠지지 않기 위해

- 어떨 때 자의식과잉 상태가 되는가?
- 자의식과잉이란 어떤 상황인가?
- 무엇 때문에 자의식과잉이 되는가?
- 자의식과잉인 사람은 어떻게 행동하는가? 주위 사람들에게 어떻게 보일까?
- 자의식과잉인 사람은 무슨 생각을 하는가?
- 자의식과잉인 나를 다른 시선에서 보면 무엇이 보이는가?
- 자의식과잉은 부족한 자신감의 다른 표현이 아닐까?
- 자의식과잉과 강한 자존심은 같은 의미인가?
- 자존심이 강하다는 것은 어떤 의미인가?
- 자존심이 강하다는 것은 무엇과 비교해서 강하다는 것일까?

자기혐오를 하지 않기 위해

- 왜 자기혐오에 빠지는가?
- 자기혐오란 정확히 어떤 의미인가?
- 어떤 계기로 자기혐오가 시작됐나?
- 자기혐오란 과도한 기대에 대한 다른 표현이 아닐까?

- 어떨 때 자기혐오를 느끼는가?
- 자기혐오에 빠지지 않을 것 같은 사람은 누구인가? 왜일까?
- 자기혐오에 빠진 후 무엇을 느끼는가?
- 자기혐오에 빠지지 않는다면 내 마음은 어떨까?
- 자기혐오란 자기 자신에 대한 단순한 어리광은 아닐까?
- 자기혐오에 빠지지 않는 하루하루란 나에게 어떤 의미인가?

다른 사람과 친하게 지내기 위해

- 어떻게 하면 다른 사람과 친해질 수 있을까?
- 어떻게 하면 ○○ 씨와 친해질 수 있을까?
- 어떨 때 친해질 수 있나?
- 어떨 때 친해질 수 없나?
- 다른 사람과 친해진다는 것은 내게 어떤 의미인가?
- 다른 사람과 친해지지 못하면 어떤 기분이 드는가?
- 누구와도 친하게 지내는 사람은 어떻게 행동하는가?
- 그들은 누구와도 친해져도 불편하지 않을까?
- 그들의 어떤 가치관이 남과 친해지게 만드는가?
- 내일부터 누구와도 친해질 수 있게 행동하려면?

험담을 하지 않으려면

- 누구에 대해 험담을 하게 되는가?

- 어떨 때 험담하게 되는가?
- 험담하고 나면 어떤 기분이 드는가?
- 왜 험담을 멈출 수 없는가?
- 험담하는 것은 질투 때문이 아닐까?
- 험담하면 주위 사람들에게 어떻게 보일까?
- 험담하지 않으면 주위 사람들에게 어떻게 보일까?
- 험담하지 않는 사람은 감정 정리를 어떻게 할까?
- 험담하는 사람을 어떻게 피할 것인가?
- 험담이란 정확히 어떤 의미인가?

험담을 들어도 신경 쓰고 싶지 않을 때

- 험담을 들어도 신경 쓰지 않으려면?
- 험담에 동요하지 않으려면 정신 수양이 얼마나 필요할까?
- 신경 쓰이지 않는 험담도 있을까?
- 사람들은 험담할 때 어떤 기분일까?
- 어떤 험담을 특히 용서할 수 없는가?
- 어떤 험담을 들었을 때 가장 화가 나는가?
- 험담을 들어도 전혀 개의치 않는 사람은 어떻게 살아가는가?
- 그들은 험담을 어떻게 무시하는가?
- 자신감이 있으면 험담이 신경 쓰이지 않을까?
- 험담을 듣는 것은 행불행에 달린 문제인가?

때로는 남에게 기대고 싶을 때
- 남에게 기대야만 할 때, 어떻게 하면 불편하지 않을까?
- 정말로 도움을 요청해야 할 때 머뭇거리는 성격을 고칠 방법은 없을까?
- 남에게 기댄다는 것은 내게 어떤 의미인가?
- 남에게 기댈 수 있는 사람의 성격은 어떤가?
- 나도 그런 면을 배우려면 어떻게 해야 하나?
- 남에게 기대는 것을 왜 그토록 싫어할까?
- 남에게 기대서 문제가 된 적이 있는가?
- 기대야 할 때 그렇지 못해서 일이 훨씬 커지면 어떻게 대처할 것인가?
- 과도하게 기대는 사람에 대한 불편함이 있는 건 아닐까?
- 사람들은 왜 남을 도와주려 할까?

남에게 지나친 의존을 하지 않으려면
- 어떨 때 타인에게 지나치게 의존하는가?
- 지나친 의존은 어떤 것을 의미하는가?
- 언제부터 지나치게 의존하게 되었을까?
- 지나친 의존은 왜 곤란한가?
- 남에게 의존하면 어떤 기분이 드는가?
- 상대는 어떻게 느낄까?

- 왜 의존을 받아주는 걸까?
- 의존하지 않는 사람은 스스로 어떻게 헤쳐나가는가?
- 지나친 의존이란 어느 정도 수준인가?
- 적당한 거리를 두고 의존하는 방법이 있을까?

고독감을 줄이려면

- 어떨 때 고독감을 느끼는가?
- 고독감을 느끼는 이유는 무엇일까?
- 고독감을 느낄 때 어떻게 대응해야 할까?
- 고독감을 느끼지 않는 사람은 어떤 사람인가?
- 고독감을 느끼지 않는 사람은 어떻게 그럴 수 있을까?
- 고독감이란 나만의 일방적인 생각은 아닐까?
- 고독감을 느끼는 것은 일종의 자학이 아닐까?
- 고독감을 즐기는 방법이 있을까?
- 사람들을 사귀면 고독감이 줄어들까?
- 어떤 식으로 사귀면 고독감이 줄어들까?

정신적으로 자립하려면

- 정신적으로 자립하는 방법은?
- 어떨 때 자립했다고 느끼는가?
- 조금만 힘들면 왜 바로 의지하려고 할까?

- 어떤 사람이 자립한 것처럼 보이는가?
- 자립한 것처럼 보이지만, 실은 꽤 의지하는 건 아닐까?
- 자기 힘으로 뭐든 할 수 있으면 자립했다고 말할 수 있을까?
- 늘 뭔가에 기대고 싶어지는 이유는 뭘까?
- 나에게 자립이란 무엇인가?
- 나에게 자립이란 부모님 집에서 나오는 것인가?
- 경제적으로는 도움을 받더라도 정신적으로 자립하려면 어떻게 해야 할까?

부모를 사랑하려면
- 어떻게 하면 부모를 사랑할 수 있을까?
- 내게 상처를 준 부모를 어떻게 사랑하란 말인가?
- 대체 무엇 때문에 내게 그토록 상처를 주었을까?
- 최근에 부모님이 은근히 기대는데 절대 용서가 안 된다. 어떻게 해야 할까?
- 병이 들어 마음이 약해지자 갑자기 나에게 의지하는 부모를 어떻게 보살피란 말인가?
- 어떻게 하면 부모의 좋은 점을 발견할 수 있을까?
- 거부감 없이 부모를 사랑하는 사람은 어떤 마음일까?
- 평범하게 성장한 자식은 모두 부모에게 애정이 있을까?
- 평범하지 않은 집안의 자식은 과연 어떻게 해야 하나?

- 나는 언제쯤 부모를 용서할 수 있을까?

자신감을 갖고 싶을 때

- 어떻게 하면 자신감을 가질 수 있을까?
- 어떨 때 자신감이 없는가?
- 늘 자신감이 있는 사람은 누구인가? 어떻게 그럴 수 있을까?
- 자신감이 있는 사람은 주위 사람들에게 어떤 영향을 주나?
- 자신감이 있는 사람은 어떤 인상을 풍기는가?
- 자신감을 갖는다는 것은 무슨 의미인가?
- 나는 실은 자신감이 있는 게 아닐까?
- 나중에라도 자신감이 솟아나게 하려면?
- 자신감이 없어도 결과를 이끌어 내려면?
- 자신감이 있든 없든 별로 개의치 않으려면?

머릿속 생각을 잘 정리하고 싶을 때

- 어떨 때 생각 정리가 잘되는가?
- 어떤 주제에 관해 생각 정리가 잘되는가?
- 생각이 정리되면 무엇이 좋은가?
- 생각이 정리되지 않으면 왜 곤란한가?
- 생각이 정리되지 않아도 상관없는 것은 무엇인가?
- 늘 생각이 정리된 사람은 누구인가?

- 생각이 정리된 사람은 어떻게 행동하는가?
- 생각이 정리되지 않은 사람은 어떤 실수를 하는가?
- 생각을 정리하는 것과 머리가 좋은 것은 어떤 관계가 있을까?
- 생각을 정리하는 것과 감정을 정리하는 것은 어떤 관계가 있을까?

커뮤니케이션을 원활하게 하기 위해

<u>남자친구가 문자 연락에 성의가 없을 때</u>
- 그는 왜 답장을 바로바로 보내지 않을까?
- 그는 어떨 때 문자를 자주 보내나?
- 교제 기간이 길어지면 문자가 귀찮아지는 걸까?
- 전화할 때는 편해 보이는데, 문자를 별로 좋아하지 않나?
- 그는 일할 때도 문자 연락에는 왠지 자신이 없는 것 아닐까?
- 시간을 정해서 문자를 보내면 어떨까?
- 그는 다른 사람에게 보내는 문자도 귀찮아할까?
- 그와 문자를 주고받으며 짜증을 내지 않으려면?
- 그는 긴 문자를 좋아하지 않는 걸까?
- 그와는 되도록 문자를 안 하는 게 좋을까?

<u>상사와 커뮤니케이션을 원활하게 하려면</u>
- 부장은 어떤 커뮤니케이션을 좋아하나?

- 부장이 특히 싫어하는 커뮤니케이션 스타일은?
- 부장은 어떨 때 기분이 좋은가?
- 부장이 특히 기분이 나쁠 때는 언제인가?
- 부장의 기분에 상관없이 커뮤니케이션을 원활하게 하려면?
- 부장과 커뮤니케이션을 잘하는 사람은 누구인가? 어떻게 소통하는가?
- 부장의 업무 스타일은? 거기에 맞는 커뮤니케이션은?
- 부장은 무엇을 잘하는가?
- 부장은 무엇을 못하는가?
- 부장은 상사와 어떤 식으로 커뮤니케이션을 하고 있나?

<u>부하 직원과 커뮤니케이션을 편하게 하려면</u>
- 부하 직원과 커뮤니케이션할 때 신경 써야 할 점은?
- 부하 직원과 커뮤니케이션이 잘 됐을 때는 어떻게 했나?
- 부하 직원과 커뮤니케이션이 안 됐을 때는 무엇이 문제였나?
- 부하 직원은 나에게 어떤 이미지를 갖고 있을까?
- 부하 직원이 나에게 기대하는 것은 무엇일까?
- 부하 직원이 가장 대하기 쉬운 상사의 모습은?
- 부하 직원을 어떻게 대해야 하나?
- 여성 부하 직원은 어떻게 대해야 하나?
- 남성 부하 직원은 어떻게 대해야 하나?

- 내 동료들은 부하 직원을 어떻게 대하는가?

누구와도 스스럼없이 대화하고 싶을 때

- 어떻게 하면 누구와도 스스럼없이 대화할 수 있을까?
- 누구라면 문제없이 대화할 수 있나?
- 불편함 없이 대화하면 어떤 기분이 드는가?
- 대화가 매끄럽지 못했을 때는 어떤 기분이 드는가?
- 대화가 잘 안 되는 상대는 누구인가?
- 누구와도 편하게 대화할 수 있는 사람은 어떻게 대화하나?
- 그런 사람의 방식에서 배울 수 있는 점은 무엇인가?
- 상대에 따라 태도가 바뀌면 어떻게 보이는가?
- 태도가 바뀐다는 것은 정확히 어떤 의미인가?
- 어릴 때는 문제가 없었던 거 같은데, 무엇이 달라진걸까?

남을 별로 의식하지 않으려면

- 내 일인데 왜 남을 의식하게 될까?
- 어떨 때 의식하게 되나?
- 남을 의식해서 높은 평가를 얻을 수 있는가?
- 누구를 의식하고 어려워하는가?
- 별로 의식하지 않고 편하게 대하는 사람은 누구인가?
- 남을 너무 의식하면 곤란한 점은 무엇인가?

- 의식하지 않는 사람은 어떻게 행동하는가?
- 언제부터 이렇게 의식하게 됐나? 원인은 무엇일까?
- 자신감이 없으면 의식하게 되나?
- 남을 의식하는 것은 자존감이 낮아서 눈치를 보는 것과 같은 의미일까?

하고 싶은 일을 해내기 위해

<u>스스로 결정하면 좌절하지 않고 실행하고 싶을 때</u>

- 결정한 일을 좌절하지 않고 실행하려면?
- 결정한 일을 좌절하지 않고 실행할 수 있는 사람은 누구인가? 어떻게 해내는가?
- 그들의 어떤 사고방식과 자세가 좌절하지 않게 하는가?
- 내게 좌절이란 어떤 의미인가?
- 좌절해도 된다고 생각하면 마음이 편해질까?
- 스스로 진지하게 결정하면 쉽게 좌절하지 않을까?
- 몰입하면 쉽게 좌절하지 않을까?
- 지금까지 최대의 좌절은 무엇이었나? 그로 인해 인생이 어떻게 변했나?
- 좌절감은 자신감을 잃었다는 느낌일까?
- <u>스스로 결정했으면</u> 어렵게 생각하지 말고 일단 해보면 어떨까?

영어 공부를 포기하지 않고 계속하고 싶을 때

- 이번에야말로 꾸준하게 영어 공부를 하려면?
- 영어 공부를 포기하지 않으려면?
- 영어 공부는 왜 처음에만 열심히 하게 될까?
- 영어 공부를 재미있게 하려면?
- 어떨 때 영어 공부를 순조롭게 계속할 수 있나?
- 영어 공부의 결과를 어디에서 시험해 보면 좋을까?
- 외국인 친구를 사귀려면?
- 외국인 친구를 사귀어서 대화를 주고받으면 어떨까?
- 출장 때 영어로 무슨 얘기를 해야 하나?
- 영어로 해야 하는 인사와 설명 문장을 목록으로 모두 뽑아서 연습하면 어떨까?

나의 비전을 세우려면

- 1년 후 무엇을 하고 싶은가?
- 1년 후 어떤 모습이면 만족할까?
- 3년 후에는 어떤 내가 되고 싶은가?
- 3년 후의 비전은?
- 3년 후 어떤 모습이면 만족할까?
- 그러기 위해서는 앞으로 반년 이내에 무엇을 해야 하나?
- 비전을 실현하기 위해 반드시 갖춰야 할 것은 무엇인가?

- 나의 강점은 무엇인가?
- 비전에 관한 상담은 누구에게 해야 하나?
- 내게 비전이란 어떤 의미인가?

학교 진로를 결정할 때
- 대학에 진학해야 할까?
- 대학에 진학하면 어떤 점이 좋을까?
- 대학에 진학하면 어떤 점이 힘들까?
- 대학은 재미있을까?
- 공부하고 싶은 마음도 별로 없는데 대학에 들어가면 후회하지 않을까?
- 캠퍼스 분위기를 미리 알아볼 방법이 없을까?
- 다들 대학에 가서 무엇을 하는 걸까?
- 아르바이트에 몰두하는 선배가 많은데 그래도 괜찮은가?
- 전문대학에 가면 어떨까?
- 전문대학에서 적성에 맞는 학과에 집중하면 어떨까?

직장을 결정할 때
- 이 회사에 취직해야 할까?
- 이 회사에 취직하면 장점은?
- 이 회사에 취직하면 단점은?

- 취직해서 가장 하고 싶은 일은 무엇인가?
- 급여만 목적으로 삼지 않으려면?
- 선배 얘기를 들어보는 게 좋을까?
- 나에게 취직이란 무엇인가?
- 지금까지의 생활과 가장 달라지는 점은 무엇일까?
- 이직을 희망하는 추세가 늘어나는데, 나는 과연 어떨까?
- 이 회사로 결정해도 될까?

이직을 준비한다면
- 내 적성에 맞는 일은?
- 현재의 회사에서 자아실현이 가능한가?
- 이직하면 모든 게 해결되나?
- 이직하려면 무엇을 준비해야 하나?
- 이직과 관련해서 누구에게 무엇을 물어봐야 할까?
- 이직 리스크는?
- 이직한다면 어느 회사가 좋을까?
- 이직하면 무엇이 달라지는가?
- 먼저 이직한 선배의 얘기를 들어보면 어떨까?
- 한 번 이직하면 몇 번씩 하게 된다는데, 정말 그럴까?

유학을 간다면

- 유학을 가야 하나 말아야 하나?
- 유학한다면 언제쯤 어디로 가야 할까?
- 유학할 만큼 영어 실력을 키울 수 있을까?
- 유학의 목적은 무엇인가?
- 유학을 포기하면 어떻게 될까?
- 유학으로 이룰 수 있는 것은 무엇인가?
- 유학의 리스크는?
- 지금부터 준비해야 할 것은?
- 유학과 관련된 조사는 어떻게 하면 좋을까?
- 유학 비용을 어떻게 마련할 것인가?

결혼을 준비한다면

- 이 사람과 결혼해도 좋은가?
- 이 사람과 결혼하지 않으면 어떻게 되나?
- 결혼의 리스크는?
- 결혼의 장점은?
- 결혼해서 모두 행복해졌는가?
- 결혼해서 불행해진 케이스는?
- 내게 결혼이란 어떤 의미인가?
- 결혼 후 더 행복해지려면?

- 결혼에서 어려운 점은 무엇인가?
- 사람들은 왜 결혼할까?

사생활을 중시한다
- 어떻게 하면 사생활을 좀 더 중시할 수 있나?
- 사생활과 일을 어떻게 구분할까?
- 사생활을 중시하고, 잘 헤쳐나가는 사람은 어떻게 하는가?
- 사생활 구분이 잘 안 되는 사람은 어떻게 지내나?
- 사생활을 지키고 일도 잘하려면?
- 사생활을 지키지 못하면 일도 집중하기 어려운 게 아닐까?
- 사생활이란 어떤 의미인가?
- 좋아하는 것을 일로 삼을 경우 개인적인 시간이 없어도 될 만큼 열정적으로 몰입할까?
- 일에 몰두하느라 사생활이 무너지면 어떻게 해야 할까?
- 개인적인 시간을 이해하지 못하는 연인과 싸우지 않고 교제하는 방법은?

성장한다, 일을 훨씬 잘하게 된다
급성장을 하고 싶다면
- 어떨 때 급성장할 수 있나?
- 어떨 때 급성장을 실감할 수 있나?

- 나는 언제쯤 급성장했나?
- 급성장하면 세상이 어떻게 보이는가?
- 급성장하면 주위 사람이 어떻게 보이나?
- 급성장할 수 있다는 것은 내게 어떤 의미인가?
- 어떨 때 급성장하기 어려운가?
- 급성장하지 못하면 어떤 상황이 안 좋아지는가?
- 나에게 있어서 급성장할 수 없는 환경은?
- 급성장하기 힘든 환경을 바꾸려면?

일을 잘하고 싶다면
- 일을 잘하는 사람은 어떤 요령을 터득하고 있나?
- ○○ 씨는 왜 일을 잘할까?
- △△ 씨는 왜 일을 잘하지 못할까?
- 나는 어떨 때 일을 잘하게 됐다고 실감하는가?
- 일을 잘하게 됐다는 것은 나에게 어떤 의미인가?
- 일을 좀 더 잘하려면 어떤 노력을 해야 하나?
- 일의 속도감을 높이는 데 방해가 되는 요소는 무엇인가?
- 일의 속도와 결과물의 균형을 어떻게 맞출 것인가?
- 일을 잘하는 사람은 업무 시간을 어떻게 관리하나?
- 업무 능력을 높이는 효율적인 방법은 무엇인가?

기획안을 제출할 때

- 어떨 때 기획안이 순조롭게 나오는가?
- 기획안이 잇달아 떠올라서 곤란했던 때는?
- 기획안을 빠르게 작성하는 요령은?
- 기획안을 쓰기 위한 정보수집은 어떻게 해야 하나?
- 수집한 정보를 토대로 기획안을 정리하려면?
- 기획안을 내려면 어떤 착안점이 필요한가?
- 기획안을 잇달아 내는 사람은 어떤 특징이 있는가?
- 기획안을 잇달아 내는 사람은 안건의 좋고 나쁨에 구애받는가?
- 기획안을 못 내는 이유는 단순한 망설임 때문일까?
- 기획안을 못 내는 이유는 내용이 부족한 것 같은 생각 때문일까?

완성도 높은 기획서를 쓰려면

- 아이디어 구상을 어떻게 정리할 것인가?
- 기획서 목차는 어떻게 구성할 것인가?
- 기획서 구성을 세 개 정도로 패턴화하면 어떨까?
- 기획서 작성이 빠른 사람의 요령은?
- 기획서 작성이 빠른 사람은 언제쯤 어떻게 쓰나?
- 기획서가 잘 써질 때는 어떤 상황이었나?
- 시간을 들이면 좋은 기획서를 쓸 수 있을까?

- 기획서의 일러스트와 차트는 어떤 형식으로 만들 것인가?
- 기획서를 쓴 후 어떻게 발전시킬 것인가?
- 기획서가 잘 써지는 것과 기획 내용의 질은 같을까?

감각적인 안테나를 높게 세우려면

- 안테나를 높게 세운다는 것은 무슨 의미인가?
- 안테나를 높게 세우려면 어떻게 해야 하나?
- 안테나를 늘 높게 유지하는 게 가능한가?
- 나는 어떤 주제에 관해 안테나를 높이 세우는가?
- 안테나를 높게 잘 세우는 사람의 다른 점은 무엇인가?
- ○○ 씨는 어떻게 늘 안테나를 높게 잘 세울까?
- 높은 안테나와 정보수집 능력은 어떤 관계가 있을까?
- 짧은 시간이라도 안테나를 높게 유지하려면?
- 안테나를 높게 유지하는 것과 업무 능력이 뛰어난 것은 어떤 관계가 있는가?
- 안테나를 높게 세우려면 특별한 감각이 필요하지 않을까?

정보수집을 게을리하지 않으려면

- 정보수집을 게을리하지 않으려면 어떻게 해야 하나?
- 정보수집을 늘 잘하는 사람은 어떻게 하나?
- 일을 잘하는 사람은 정보수집에도 뭔가 연구를 하지 않을까?

- 정보수집은 어떤 체계로 진행해야 할까?
- 인터넷 정보와 실제 정보를 어떻게 나눠 쓸 것인가?
- 정보수집에 과도한 시간을 들이지 않으려면?
- 정보수집의 적절성을 점검하는 방법은?
- 인터넷 정보를 검색하는 시간을 아침, 점심, 저녁 3회, 각 15분씩으로 한정한다면?
- 정보수집의 질을 높이려면?

<u>감도를 높게 유지하려면</u>
- 감도를 늘 높게 유지하려면?
- 감도가 높다는 것은 어떤 의미인가?
- 감도가 높은 사람은 어떤 노력을 하는가?
- 어떨 때 감도가 낮다고 느끼는가?
- 감도가 낮은 사람은 어떻게 생각하고 행동하는가?
- 감도가 높은 사람은 어떻게 생각하고 행동하는가?
- 정보수집을 계속하면 감도가 높아질까?
- 감도를 더욱 높여가는 방법은?
- 감도가 높은 사람을 어떻게 찾아내야 할까?
- 감도가 높은 사람에게 배워야 할 점은?

풍부한 감성을 갖고 싶을 때

- 감성이란 어떤 의미인가?
- 사람이 느끼는 방식은 무엇으로 정해지나?
- 감성이 풍부한 사람은 누구인가? 왜 풍부한가?
- ○○ 씨가 감성이 풍부하다고 평가받는 이유는?
- △△ 씨가 감성이 너무 예민하다고 평가받는 이유는?
- 감성이 풍부하지 않은 사람은 누구인가? 어떤 점이 다른가?
- 감성은 어떻게 연마해야 하나?
- 감성을 연마하는 게 가능할까?
- 감성은 정말로 말로 잘 설명할 수 없나?
- 감성을 말로 설명할 수 없다면, 어떻게 표현해야 공감할 수 있을까?

회의에서 발언을 잘하려면

- 회의에서 발언을 잘하는 방법은?
- 어떨 때 회의에서 발언을 잘할 수 있나?
- 어떨 때 회의에서 발언을 잘하지 못했나?
- 발언을 잘하지 못했을 때 어떻게 만회할까?
- 회의에서 발언을 잘하는 사람은 누구인가? 어떤 방법으로 말하고 있나?
- 회의에서 발언을 잘하지 못하는 사람은 누구인가? 왜 그럴까?

- 회의에 참석하기 전에 무엇을 준비하면 좋을까?
- 회의에서 다른 사람의 발언을 잘 경청하려면?
- 회의를 원활하게 진행시키는 요령은?
- 회의에 어떤 태도로 참여할 것인가?

프레젠테이션 능력을 향상시키고 싶을 때
- 프레젠테이션 연습을 어떻게 할 것인가?
- 어느 정도 연습하면 프레젠테이션에 자신이 생길까?
- 프레젠테이션에서 말할 내용과 쓸 내용을 잘 정리하는 방법은?
- 프레젠테이션을 잘하는 사람은 어떤 준비를 하는가?
- 프레젠테이션을 잘하는 사람은 어떤 사고방식을 갖고 있는가?
- 프레젠테이션을 잘하면 어떻게 보이는가?
- 프레젠테이션을 못 하면 어떻게 보이는가?
- 효과적인 프레젠테이션을 하려면?
- 프레젠테이션이 늘었다는 말을 들으려면?
- 프레젠테이션할 때 긴장하지 않는 방법은?

지금까지 400개의 다양한 제목을 공유했다. 각 제목을 깊이 파고들거나 다각적으로 써 나가면, 금세 1000페이지 가까운 메모가 완성된다. 단기간에 성장하고 싶은 분, 끙끙 앓는 습관을 없애고 싶은 분은 꼭 써 보길 바란다.

머릿속에 뭔가가 떠오르면 곧바로 메모로 쓰면 좋다. 머릿속이 모호할 때도 잘 쓰려고 하지 말고 그냥 생각나는 대로 받아 쓴다. 도무지 생각이 떠오르지 않을 때 혹은 익숙해지지 않는 동안은 위의 400개 제목으로 메모를 써도 좋다. 제목을 생각해 내려고 노력할 필요가 없으니 2~3주 만에 가능할 것이다. 이 과정을 거치면 머릿속이 정리되고, 마음도 거의 정리되어 더 단단하게 성장한 자신을 발견할 수 있을 것이다.

4

일의 결과를 바꾸는 메모 활용법

메모는 깊이 파고들수록
효과적이다

메모에 따라서는 1페이지에 쓴 본문 4~6줄을 각각의 메모 제목으로 정할 수 있다. 그리고 또다시 4~6줄씩 메모를 쓰면 복잡했던 머릿속이 정리가 되면서 생각이 매우 깊어진다. 내용이 한두 단계나 더 충실해지는 것은 물론 훨씬 명료해진다.

예를 들면, '부장은 왜 나에게 말을 걸지 않을까?'라는 제목으로 〈메모 10〉을 썼다고 해보자.
그리고 본문의 내용을 다시 큰 제목으로 정하고, 추가 메모를 써 나간다.

> **메모 10.** 부장은 왜 나에게 말을 걸지 않을까?
>
> 2024-12-1
>
> - 지난번 회의에서 내가 한 발언이 마음에 들지 않아서일까?
> - 다른 과장과 나의 마찰이 마음에 걸리는 걸까?
> - 개인적인 일로 단순히 기분 나빴던 것 아닐까?
> - 바빠서 내게 말을 걸 시간이 없었던 것뿐이지 않을까?

'지난번 회의에서 내가 한 발언이 마음에 들지 않아서일까?'
'다른 과장과 나의 마찰이 마음에 걸리는 걸까?'
'개인적인 일로 단순히 기분 나빴던 것 아닐까?'
'바빠서 내게 말을 걸 시간이 없었던 것뿐이지 않을까?'

먼저 첫 번째 줄인 '지난번 회의에서 내가 한 발언이 마음에 들지 않아서일까?'인 경우에는 〈메모 11〉이 된다.

이 메모로 불현듯 떠오른 '지난번 회의에서 내가 한 발언이 마음에 들지 않아서일까?'라는 생각을 깊이 파고들 수 있었다. 덕분에 문제점을 분석하고 대안까지 세울 수 있게 되었다.

메모 11. **지난번 회의에서 내가 한 발언이 마음에 들지 않아서일까?**

2024-12-1

- 지난번 회의에서 부장이 한 제안에 지나치게 반론했나?
- 내용에는 별 문제가 없었을 테니 말투가 잘못됐을까?
- 부장 마음에 드는 발언이 과연 가능할까?
- 앞으로는 좀 더 부장의 취지에 입각해서 발언해 보자.

메모 12. **다른 과장과 나의 마찰이 마음에 걸리는 걸까?**

2024-12-1

- 지난번 과장 회의에서 주고받은 대화를 상당히 신경 쓰는 것 같았다.
- 그 후에 ○○ 과장과 내가 충돌한 얘기를 들었을까?
- 다른 과장과의 마찰은 신경 쓰지 않았던 것 같은데.
- 다음 날은 신경 쓰지만 그 후에는 잊어버리는 것 같다.

메모 13. 개인적인 일로 단순히 기분 나빴던 것 아닐까?

2024-12-1

- 대체로 월요일에는 기분이 안 좋아 보인다.
- 기분이 안 좋을 때는 무슨 말을 해도 헛수고다.
- 기분이 나쁜 것뿐이라면 신경 써도 소용없다.
- 오늘은 그냥 넘어가자.

〈메모 12〉에서는 부장이 '다른 과장과 나의 마찰'을 어느 정도 마음에 걸려 하는지 신경 쓰이는 점을 써 보며, 결론적으로 별로 걱정할 것 없다는 판단을 내린다. 이렇게 깊이 파고들며 메모를 쓰면 무거운 마음으로 질질 끌었던 문제가 해결된다. 괜한 걱정으로 시간을 뺏길 필요가 없다는 것을 알게 된다.

세 번째 줄은 〈메모 13〉과 같은 내용이 된다.
'부장이 단순히 기분이 나빴던 것뿐이라면 신경 쓸 건 없겠지'라는 식으로 쓸데없는 추측은 필요 없다는 결론에 도달한다. 이것만으로도 마음의 부담은 상당히 줄어든다.

> **메모 14.** 바빠서 내게 말을 걸 시간이 없었던 것뿐이지 않을까?
>
> 2024-12-1
>
> - 부장은 내일모레 제출할 기획서가 정리되지 않아 경황이 없다.
> - 그렇잖아도 바빠서 부하 직원과 얘기할 시간은 도저히 없어 보인다.
> - 나한테 무슨 문제가 있었던 건 아니다.

마지막 네 번째 줄은 〈메모 14〉와 같은 내용이 된다.

이 메모를 씀으로써 부장이 기분 나빴다기보다 그냥 바빴던 것뿐일지 모르며, 걱정이 지나쳤을지도 모른다는 게 확실해졌다.

"그건 지나친 생각이야"라고 동료가 말해도 찝찝한 생각에 기분이 좀처럼 풀리지 않지만, 이렇게 메모를 써 보면 쓸데없이 걱정할 필요가 없다는 것을 알게 된다.

다시 말해 위의 메모 4페이지를 씀으로써 불현듯 떠오른 맨 처음 메모를 깊이 파고들 수 있고, 부장의 기분과 내가 놓인 입장에 관해 훨씬 정확하게 이해할 수 있다. 마음이 편해지고 일은 훨씬 잘 풀린다.

> **메모 15.** 어떻게 하면 올해야말로 포기하지 않고 영어 회화를 잘할 수 있을까?
>
> 2024-12-1
>
> - 왜 매번 오래 지속하지 못할까?
> - 3~4주 동안 열심히 해도 성과가 보이지 않는 이유는?
> - 같이 공부할 사람이 있다면 좋지 않을까?
> - TOEIC을 좀 더 활용해야 할까?

  이번에는 '어떻게 하면 올해야말로 포기하지 않고 영어 회화를 잘할 수 있을까?'라는 제목으로 〈메모 15〉를 썼다고 해보자.
  영어 공부가 뜻대로 진척되지 않는 초조함이 묻어나지만, 어떻게 개선해야 하는지는 본문 3, 4줄에 짧게 언급했을 뿐이다.

  본문 첫 번째 줄을 제목으로 정하고 다시 〈메모 16〉처럼 써본다.
  오래 지속하지 못하는 이유가 대략적으로 드러난다. 다른 데 마음을 빼앗기거나, 결과가 안 보여서 의욕을 잃거나, 공부 방법을 점검해 보거나, 시각을 바꿔서 어떤 건 오래 지속했는지 생각해 본다. 단순히 안 되는 이유에서 그치는 게 아니라 잘할 수 있는 실마리가 추가 메모에서 드러나기 시작한다.

메모 16. <u>영어 공부를 왜 매번 오래 지속하지 못할까?</u>

2024-12-1

- 한참 하다보면 다른 데 마음을 빼앗겨 버리고 새로운 것에 더 열중한다.
- 효과가 별로 안 보여서 의욕을 잃는다.
- 공부 방법이 잘못된 것은 아닐까?
- 지금까지 오래 지속했던 것은 무엇인가?

메모 17. <u>영어 공부를 3~4주 동안 열심히 해도 성과가 보이지 않는 이유는?</u>

2024-12-1

- 성과가 없는가? 보이지 않을 뿐인가?
- 어떻게 하면 성과를 체감할 수 있을까?
- '성과가 잘 드러나는 공부법' 방향으로 전환한다면?
- 성과가 보이지 않아도 의욕을 잃지 않는 방법은 없을까?

두 번째 줄을 제목으로 쓴 것이 〈메모 17〉이다.

'성과'라는 한마디에 대해 '정말로 없었는지, 보이지 않았을 뿐인지, 어떻게 체감해야 하는지'라는 다양한 관점에서 파고든다. 나아가 '성과가 잘 드러나는 공부법'으로 발상을 바꾸거나 '성과가 보이지 않아도 의욕을 잃지 않는 방법은 없을까'라는 식으로 상당히 창조적으로 시점을 바꾸었다.

세 번째 줄을 제목으로 쓴 것이 〈메모 18〉이다.

'같이 공부할 사람이 있다면 좋지 않을까?'라는 해결 지향적인 한 문장에 대해 '의욕이 강한 사람, 의지가 꺾이지 않는 사람과 함께 공부하면 좋겠다', '경쟁자가 좋을까? 따라갈 수 있는 사람이 좋을까?' 등 더욱 깊이 있는 해결책 또는 새로운 모색을 시도할 수 있다.

메모 18. 같이 공부할 사람이 있다면 좋지 않을까?

2024-12-1

- 의욕이 강한 사람, 의지가 꺾이지 않는 사람과 함께 공부하면 좋겠다.
- 어디에서 찾을 것인가?
- 상대의 장점은 무엇인가?
- 경쟁자가 좋을까? 따라갈 수 있는 사람이 좋을까?

메모 19. TOEIC을 좀 더 활용해야 할까?

2024-12-1

- TOEIC 시험으로 영어 공부에 박차를 가한다.
- 매회 TOEIC 시험을 치면 어떨까?
- 영어 공부와 TOEIC 점수는 비례하는가?
- TOEIC 외에는 뭘 해야 할까?

네 번째 줄을 제목으로 쓴 것이 〈메모 19〉이다.

'TOEIC 시험으로 영어 공부에 박차를 가한다', '영어 공부와 TOEIC 점수는 비례하는가?', 'TOEIC 외에는 뭘 해야 할까?' 등 한발 앞선 해결책을 모색하고 있다.

이처럼 메모를 1페이지 쓰고, 본문 4~6줄을 각각 제목으로 삼아서 잇달아 메모를 더 써 나가면, 생각이 단숨에 깊어진다. 종이는 많이 쓰겠지만 쓸 때마다 머릿속이 더 정리되므로 이 방법을 권장한다. 두뇌가 놀라울 정도로 빨리 회전하는 것을 실감할 수 있다.

깊이 파고드는 과정에서 새로운 생각들이 잇달아 떠오른다. 그러면 종이를 낭비한다는 꺼림칙한 기분은 어디론가 날아가 버린다. 다양한 것들이 보이고, 새로운 발견이 잇따르고, 모든 게 즐거워진다.

마지막 메모를 예로 들면, 〈메모 19〉의 'TOEIC을 좀 더 활용해야 할까?'의 본문을 더 깊이 파고들어도 좋다. 그럴 경우 본문 각각을 제목으로 삼아서 'TOEIC 시험으로 영어 공부에 박차를 가한다', '매회 TOEIC 시험을 치면 어떨까?', '영어 공부와 TOEIC 점수는 비례하는가?', 'TOEIC 외에는 뭘 해야 할까?'라는 구체적인 실천 방법에 관한 메모를 쓰게 된다.

이런 식으로 하나의 메모를 바탕으로 4~6페이지를 더 써 나가는 방법을 택하면, 메모 제목을 한 개만 생각해도 고민 없이 풍부한 내용의 메모를 쓸 수 있다.

하나의 제목이나 주제를 깊게 파고들면, 짧은 시간에 어려운 문제가 정리되고 해결책을 세울 수 있다. 그와 동시에 전체상이 머릿속에 들어오는 큰 장점을 기대할 수 있다.

한 가지 주제에 관해
다각적으로 써라

 깊이 파고드는 데 덧붙여서, 중요한 주제에 관해서는 1페이지에서 그칠 게 아니라 다양한 각도에서 많은 메모를 쓰면 시야가 크게 확대된다. 감정적인 내용이나 모호한 문제도 상당히 객관적으로 판단할 수 있다.
 예를 들면, 다음과 같은 메모를 썼다고 가정하자.

'나는 왜 금세 의욕이 떨어질까?'
- 어떤 결심을 하든 늘 빨리 좌절한다.
- 10대 무렵에는 안 그랬는데, 언제부터 변했을까?
- 책은 언제든 읽을 수 있고 좌절한 적이 없다.
- 이제부터는 결심한 일은 포기하지 말아야지. 이대로는 곤란하다.

이런 내용을 쓰고, '의욕'에 중점을 두어 다음과 같이 세세하게 제목을 붙인다. 그리고 잇달아 메모를 써 나간다.

- 나는 어떨 때 의욕이 지속되는가?
- 어떨 때 유난히 의욕이 떨어지는가?
- 의욕을 높이는 방법에는 어떤 것이 있을까?
- 늘 의욕이 있는 사람은 어떻게 유지하는가?
- 의욕이 있는 사람은 부정적인 기분에 어떻게 대처하는가?
- 그런 사람은 좌절할 때가 없을까?
- 의욕이 있는 사람의 방식을 따라할 수 없을까?
- 의욕이란 과연 어떤 의미인가?
- 즐겁고 보람을 느낄 수 있는 일을 하면 달라질까?

그러면 이 메모를 다 쓰고 난 10분 후쯤에는 머리가 아주 개운해진다. 내가 어떨 때는 의욕이 있고 지속할 수 있는지, 어떨 때 좌절하는 경향이 있는지, 자기 마음의 움직임이 조금은 눈에 들어온다.

이번에는 다음과 같은 메모를 썼다고 가정하자.

'그는 왜 업무상 중요한 정보를 공유하지 않을까?'

- 그는 본래 정보 공유를 싫어하나? 전에도 비슷한 일이 간혹 있었다.
- 정보를 공유하지 않는 까닭은 귀찮아서일까?
- 나를 좋게 보지 않아서 나하고만 정보를 공유하지 않는 걸까?
- 아니면 단순한 기분의 문제일까? 컨디션이 좋을 때는 꽤 자주 연락한다.

그리고 마찬가지로 '정보 공유'에 중점을 두어 다음과 같이 세세하게 제목을 붙인다. 그리고 잇달아 메모를 써 나간다.

- 그는 어떨 때 정보를 공유하지 않는가?
- 그는 누구와 정보를 공유하는가?
- 그는 업무상 무엇이 중요한지 알고 있을까?
- 그는 정보를 공유하지 않을 때 어떤 기분일까?
- 누구와도 확실하게 정보를 공유하는 사람은 누구인가? 그것이 어떻게 가능한가?
- 반대로 나는 정보 공유를 제대로 하고 있는가?
- 그는 나 역시 정보를 공유하지 않는다고 생각하지 않을까?
- 사람들은 어떨 때 정보를 공유하는가?

그러면 그가 왜 정보를 공유하지 않는지, 어떨 때 정보 공유를 하는지 등 그 이유가 꽤 많이 드러나기 시작한다. '그는 왜 업무상 중요한 정보를 공유하지 않을까?'라는 일방적인 불만이, 정보 공유가 충분히 안 되는 이유를 분석하는 과정을 통해 많은 부분이 이해된다. 문제 해결을 향해 적어도 한두 발자국은 전진할 수 있다.

사람은 모두 자기 관점에서 선악과 호불호를 판단한다. 당연한 얘기겠지만, 본인은 그것이 한쪽으로 치우쳤는지 어떤지 잘 모르는 경우가 더 많다. 그 결과 타인과 부딪히거나 다른 사람의 행동이 도저히 이해가 안 돼서 막중한 스트레스의 원인이 된다.

메모를 다각적으로 써 보면 상대의 입장에서 상황을 바라볼 수 있게 된다. 그 결과 메모를 쓰기 전보다 상대의 관점이나 행동의 이유를 훨씬 이해하기 쉬워진다. 상대를 이해하게 되면 감정 소모도 줄어든다. 일방적으로 기분이 상하는 일 또한 사라지고, 많은 문제가 해소된다.

다른 예를 들어보자. '나는 왜 아니라고 생각하는 것을 단도직입적으로 말하지 못할까?'라는 메모를 썼다고 가정하자.

그런 경우에는 첫 메모에 덧붙여서 다음과 같은 주제로 메모를 써 나간다.

그러면 자기 마음의 동향이나 행동을 속박했던 진짜 원인을 바로 볼 수 있고, 지금까지와는 달리 훨씬 편하게 이해된다.

- 나는 어떨 때 단도직입적으로 말하지 못하는가?
- 단도직입적으로 말하지 못하면 무엇이 곤란한가?
- 단도직입적으로 말하면 상대는 어떻게 받아들일까?
- 단도직입적으로 말하지 못하는 나를 상대는 어떻게 생각할까?
- 단도직입적으로 말하지 못하는 이유는 구체적으로 뭘 지적해야 할지 모르기 때문이 아닐까?
- ○○ 씨에게 단도직입적으로 말해야 할 것은?
- 4~5명에 대해 구체적으로 적어보자.
- 단도직입적으로 말하는 것이 좋을 때와 나쁠 때는 언제일까?

중요하다고 생각하는 것, 자신이 감정적이었던 것, 미처 소화하지 못했던 것에 관해서 이처럼 다각적으로 쓰는 과정을 거치면 다음과 같은 긍정적인 효과를 얻을 수 있다.

첫 번째는 지금까지 보이지 않았던 측면이 훤히 보인다. 두 번째는 충분히 생각하지 않았던 것을 확실하게 숙고할 수 있다. 세 번째는 이해 불가능하게 여겼던 상대의 행동, 끔찍이 싫다고 여겼던 자신의 행동에 대한 이해가 깊어진다. 다른 관점으로 바라볼 수 있는 여유도 생긴다. 마지막으로 전체적으로도 모호한 점들이 정리되어서 이전과는 다르게 발전된 모습으로 대처할 수 있다.

납득할 때까지 15~20페이지 이상 쓴다

한 주제의 메모를 깊이 파고들거나, 다각적인 방식으로 메모를 쓸 때는 어느 쪽이든 궤도에 오르면 하루 10페이지로 제한하지 말고 잇달아 써가는 게 좋다.

특히 안 좋은 일이 생겼을 때, 도저히 이해가 안 될 때, 불합리하다는 생각에 속이 부글부글 끓어오를 때, 의기소침할 때에는 깊이 파고든 메모이든 다각적인 방식의 메모이든 20분 정도 메모에 쏟아내면 아주 개운해진다. 스스로 납득할 때까지 계속 쓰면 된다.

논의의 여지없이 상대가 불합리하다고 생각해도 메모를 쓰다 보면 조금은 냉정해질 수 있다. 상대의 입장, 상대의 행동 이유가 조금이나마 보이게 된다.

상대에게 기대가 높고, 그것을 배신당해서 분개하는 경우에도 왜 기대가 높았는지, 상대는 그에 응하려 했는지, 응하려 했는데 불가능했는지가 보이면 조금은 다른 입장에서 생각할 수 있다.

머릿속이 복잡하고 모호해서 표현할 길 없이 기분이 나쁠 때도 복잡한 심경을 전부 쏟아내서 정체가 드러나면 기분이 많이 바뀐다. 정체를 모르면 생각이 자꾸 나쁜 쪽으로만 휩쓸리는 경향이 있다. 그러나 정체를 파악하면 최악이지만 이 정도 선에서 끝날 것 같다거나, 어떻게든 해결할 수 있을 것 같다는 긍정적인 방향을 모색할 수 있다. 당연히 마음도 차츰 안정을 찾는다.

1페이지를 1분에 쓸 수 있게 되면, 이렇게 해도 기껏해야 15~20분 밖에 걸리지 않는다.

메모의 발전형

지금까지는 A4용지를 가로로 놓고, 본문을 4~6줄 쓰는 메모 스타일을 소개했다. 기본은 이런 형태지만, 메모 쓰기가 익숙해진 후에는 A4용지를 좌우로 나눠서 서브타이틀을 쓰는 발전형 방법도 추천한다.

〈메모 20〉에서는 '지금까지의 시도'와 '앞으로의 시도'로 나눴다. 그 밖의 서브타이틀 짝으로는 다음과 같은 것들을 들 수 있다.

- '문제점'과 '대책'
- '경쟁사의 도전'과 '당사의 대처'
- '강점'과 '약점'

- '1안'과 '2안'
- '본사의 대처'와 '사업부의 대처'
- '상사의 역할'과 '부하 직원의 역할'

위와 같은 형식에 맞춰서 최적의 주제를 생각한다. 메모 쓰기를 몇백 페이지씩 지속하다 보면, 아래와 같이 좌우로 나누는 방식도 가능해진다. 물론 좌우로 나눠 쓰는 경우에는 1페이지를 쓰는 데 2분 정도는 필요하다.

메모 20. 영어 회화를 마스터하는 방법

2024-12-1

지금까지의 시도	앞으로의 시도
- 30분 일찍 일어나서 영어 공부를 하려고 했지만, 결국 대부분 일어나지 못했다. - 영어 회화반을 끊었지만, 야근이 많아서 거의 학원에 못 갔다.	- 아침에 일찍 일어나는 게 어려우니, 밤에 집에 오면 반드시 30~45분 영어 공부를 한다. - 평일에는 영어 회화 수업에 가기가 어려우니 주말반 수업을 알아본다.

- 영어 드라마를 보려고 DVD를 구매했는데 아직 3회밖에 못 봤다.

- 스카이프 영어 회화를 들어 보려고 신청했지만, 쑥스럽고 귀찮아서 하다 말았다.

- 아무래도 영어 드라마가 가장 중요한 것 같으니 어떻게든 매일 한 편씩은 본다. 주말에는 두 편씩 본다.

- 효율을 끌어올리기 위해 TOEIC 시험을 매회 본다.

메모와 로직트리의 관계

로직트리Logic Tree는 논리Logic와 나무Tree의 합성어로, 나무에서 가지가 갈라지는 것처럼 문제를 구조화하는 방식이다. 전략적으로 사고하는 방식으로 문제 해결 방법과 가능성을 나열해 최선의 선택을 할 수 있도록 돕는다. 그런 점에서 로직트리와 깊이 파고들며 쓰는 메모는 사실상 같다고 볼 수 있다.

로직트리에서 A 아래로 A-1, A-2, A-3, A-4가 있다. 그리고 A-1 아래로 A-1-1, A-1-2, A-1-3, A-1-4가 있다고 할 경우, 다음과 같은 도표가 만들어진다.

깊이 파고든 메모의 경우에는 맨 처음 A가 제목이 되고, A-1, A-2, A-3, A-4가 본문이 된다. 2페이지 째의 제목이 A-1이 되고, 본문은 A-1-1, A-1-2, A-1-3, A-1-4가 된다.

도표를 보면 알 수 있듯이 상하 계층이 명확하게 대응된다.

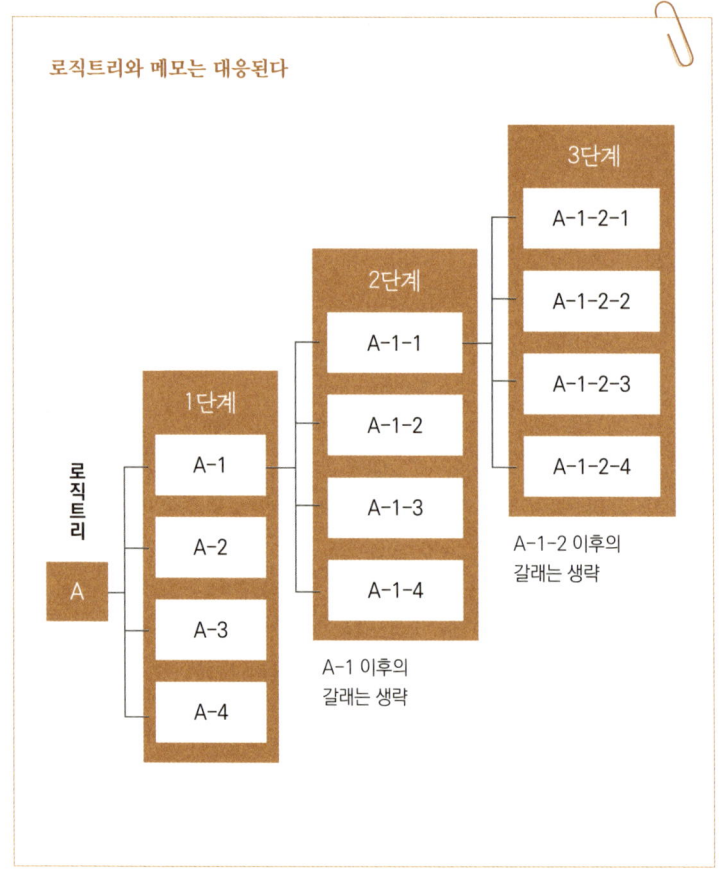

메모	1페이지 메모 : 부모	2페이지 메모 : 자식	3페이지 메모 : 손자
	A · A-1 · A-2 · A-3 · A-4	**A-1** · A-1-1 · A-1-2 · A-1-3 · A-1-4	**A-1-2** · A-1-2-1 · A-1-2-2 · A-1-2-3 · A-1-2-4

- 로직트리와 깊이 파고들며 쓴 메모의 구조는 기본적으로 같다.
- 메모는 페이지 수를 자유롭게 늘릴 수 있어서, 손쉽게 쓸 수 있고 깊이 파고들기 쉽다.
- 로직트리는 전체 구조를 명시하기는 쉽지만, 2단계 이상은 쓰기 어렵다. 위의 도형은 3단계까지 표시하였다.

로직트리는 구조에 맞춰 써야 하지만, 메모의 경우 구조를 전혀 고려하지 않고 떠오르는 대로 그냥 쓸 수 있다. 나중에 늘어놓고 보면 로직트리처럼 저절로 정리가 된다.

백지 상태에서 생각을 나무 모양으로 전개해 정리하는 것은 쉽지 않을 뿐더러 시간만 빼앗길 때가 많다. 스트레스가 많고 익숙하지 않기 때문에 전체상이 잘 보이지 않는다.

메모는 그런 걱정이 전혀 없다. 그냥 1페이지를 1분에 써 나가다 보면 저절로 구조가 보이기 시작한다.

메모를 바탕으로
기획서를 완성하라

 기획서 작성은 골칫거리다. 쓰고 싶은 내용이 이것저것 잡다하게 떠올랐다 사라지고, 다시 떠올랐다 사라질 뿐 도무지 정리가 안 된다.
 쓸 만큼 충분한 재료가 없을 때도 많고, 아이디어 자체에 자신이 없을 때도 많다. 어떻게 하면 쓸 재료를 모을 수 있을까? 어떻게 하면 어느 정도 자신 있는 아이디어를 낼 수 있을까? 그러나 그 대답은 아무도 가르쳐 주지 않는다. 만약 자기 주변에 가르쳐 줄 사람이 있다면 행운이지만, 핵심을 짚은 조언을 얻을 수 기회는 매우 드물다. 모두 어깨 너머로 배워서 이래저래 궁리하느라 애를 먹는 게 현실인데, 실로 안타까운 일이다.

기획서 작성에 도움이 될 만한 내용을 쓴 책은 많다. 그러나 참고를 해도 좀처럼 좋은 기획서는 써낼 수 없다. 거침없이 쓰는 사람은 매우 드물고, 대부분의 사람은 끙끙거리며 겨우겨우 몇 페이지를 짜낼 뿐이다. 시간을 들인 것치고는 자신감도 없고, 어렵게 쓴 기획서는 상사에게 트집만 잡히는 게 현실이다.

　그러나 이 책에서 추천하는 메모 쓰기에 익숙해지면, 기획서의 골자가 30분 정도면 만들어진다. 막힘없이 쉽게 쓸 수 있어 기획서의 이미지가 저절로 완성된다. 일단 기획서의 전체 틀이 완성되면, 살을 붙여나가는 작업은 비교적 용이하다. 골칫거리였던 기획서나 계획 작성이 전과 비교하면 훨씬 용이해진다. 지금부터 그 방법을 단계별로 소개한다.

떠오른 아이디어는 빠짐없이 받아 적는다

　먼저 이런 아이디어는 어떨까, 저런 아이디어는 어떨까. 머릿속에 떠오르는 다양한 아이디어를 1건 1페이지로 **빠짐없이** 써 나간다. 1건 1페이지라는 것은 주제 혹은 제목마다 다른 종이에 쓰라는 의미다.

떠오른 생각을 메모하고, 과제 해결에 돌입할 때까지

| 구조는 완전히 무시하고, 떠오른 생각은 모두 A4용지에 적는다. | 트럼프 카드처럼 늘어놓는다. | 새로운 아이디어가 떠오르면 추가하고 정리한다. | 전체적인 균형을 잡는다. | 메모를 보면서 파워포인트, 보고서 양식 등으로 완성한다. |

 생각이 번득 떠오르면 4~6줄을 써도 좋고, 제목만 써 놓아도 좋다. 이런 경우는 1페이지에 채 1분이 걸리지 않는다. 10초에서 수십 초면 쓸 수 있다.

 예를 들어 '기존의 해외여행에 만족하지 못하는 사람을 겨냥한 새로운 여행 기획'을 다음 주까지 작성해야 한다면, 다음과 같은 제목들을 떠올릴 수 있다.

- 틀에 박힌 여행이 아니라 가고 싶은 곳을 모은 여행 지역
- 현지에서 유연하게 변경할 수 있는 일정
- 가고 싶은 곳에 간다기보다 가고 싶은 사람과 함께 떠나는 여행
- 관광이 아니라 식도락 여행으로 특화한 기획

- 현지의 가정요리를 맛볼 수 있는 여행
- 같은 취미를 가진 현지의 팬과 친해지는 여행
- 동경하는 영화배우가 나고 자란 지역을 둘러보는 여행
- 봉사나 순례를 위해 떠나는 여행
- 각 나라의 문화 뿌리를 찾아보는 역사 기행

'누구나 영어로 얘기할 수 있는 새로운 영어 교육 기획'이라면 다음과 같은 제목을 쓸 수 있다.

- 영어 억양을 귀에 익힌다.
- 리스닝 시험을 게임으로 해본다.
- 영어 음의 특징을 중점적으로 학습해서 단기간에 리스닝을 강화한다.
- 필요한 문장 50개만 철저하게 반복적으로 낭독한다.
- 연습 횟수를 체크하고 부족한 부분을 보완한다.
- 관심 있는 분야의 영어 기사를 읽는다.
- 인터넷 영어 기사 중, 좋아하는 분야를 큰 포인트로 전송한다.
- 큰 소리로 낭독하며 발음을 교정한다.
- 같은 문장을 인터넷 상에서 실제로 낭독하며 경쟁한다.
- 발음 방식을 단기간에 집중적으로 가르친다.
- 오래 지속할 수 있는 효과적인 커뮤니티를 제공한다.

'형식적인 중학교 반창회를 밝고 즐겁게 만드는 기획'이라면 다음과 같은 제목을 쓸 수 있다.

- 형식적으로 된 이유는 늘 같은 사람만 출석하기 때문이다. 나오지 않는 사람을 초대한다.
- 중학교 졸업 후에 어떻게 지냈는지 사전에 공유하고 서로 관심을 가진다.
- 반창회 참석자들끼리 지속적으로 정보를 공유한다.
- 가족도 초대하는 즐거운 이벤트를 기획한다.
- 중학교 때 유행했던 음악, 드라마, 영화 등을 2주 전부터 메일로 보내 추억을 불러일으키고 당일 기획과 연결시킨다.
- 중학교 근처의 식당에서 모임을 열고, 최대한 당시를 떠올릴 수 있도록 연출한다.
- 중학교 시절 사진을 모아 추억할 수 있는 동영상을 만든다.
- 커뮤니티를 만들어 사진이나 영상, 혹은 반창회 모임 자료를 공유한다.

내용은 생각나는 대로 써도 좋다. 이렇게 써 나가다 보면 아이디어는 얼마든지 떠오른다. 써 나가는 동안 대체로 이 정도면 좋겠다 싶은 아이디어가 샘솟는다. 엇비슷한 아이디어라도 같은 페이지에 덧붙이지 말고 다른 종이에 쓴다. 다 쓰고 나면 한 번쯤 모든 종이를 책상 위에 늘어놓으면 좋다.

 그것을 보면서 다른 아이디어가 떠오르면 또다시 곧바로 쓴다. 20~30분, 몇십 페이지씩 쓰면 대체로 다 나온 느낌이 든다. 그중에서 가장 좋아 보이는 안으로 가결한다. 이것저것 고민하지 않는다. '이게 좋을까? 됐어, 이거야!' 단순한 가결이기 때문에 감각적으로 고르면 된다.

 가결한 안건에 대해 이 기획의 타깃은 누구인가, 기획의 목적은 무엇인가, 기획은 어떻게 실현할 것인가, 어느 정도 일정이면 완성할 수 있고, 또 언제까지 완성해야 하는가, 비용은 얼마나 드나, 어떤 팀에서 맡아야 하는가를 1건 1페이지로 써 나간다. 10~15페이지가 될 것이다.

 중요한 요점은 '생각하지 말고' 쓰는 것이다. 느끼는 그대로 머릿속에 떠오르는 대로 순식간에 받아 적는다. 이해도나 구조, 기승전결 등은 전혀 신경 쓸 필요 없다. 그런 제약이 없으면 발상이 몇 배나 풍부해진다. 인간이 본래 타고난 상상력, 발상력, 창조력이 발휘된다.

 '생각하지 말라'는 말은 어렵게 생각하지 말고 머리에 떠오른 것을 그대로 받아 적으라는 뜻이다. 사람들은 지나치게 생각에 집착한 나머지 신속하고 깊게 생각할 수 없게 된다. 멋진 말을 하려는 마음에 실제로는 굳어버린다. 그것을 철저하게 배제시키고 떠오른 것을 잇달아 메모에 쏟아낸다.

몰두해서 쓰다 보면 아이디어가 잇달아 샘솟는 상황이 반드시 찾아온다. 아이디어가 솟아나면 사라지기 전에 재빨리 종이에 받아 적는다. 아이디어라고는 해도 깜짝 놀랄 만한 정도는 아니다. '아, 이렇게 해볼까, 이건 어떻게 할까' 수준의 아이디어가 점점 솟아난다.

맥락이나 스토리, 논리성은 나중에 저절로 따라오니 메모를 쓸 때는 의식하지 않아도 된다. 구성을 고민하거나 구조화하려는 노력 때문에 머리를 둔하게 만드는 실수를 전적으로 피하는 것이다. 이것이 최대 포인트다.

카드 트럼프처럼 늘어놓는다

그렇게 다 쏟아 내듯이 쓴 수십 페이지 중, 쓸 만해 보이는 20~30페이지를 책상 위에 늘어놓는다. 수준이 낮다느니 내용이 없다느니 하는 것은 전혀 신경 쓸 필요 없다. 고민하면서 쓰는 게 아니라 느낀 대로 생각한 대로 써내고, 그것을 늘어놓을 수만 있으면 그것으로 족하다.

쓴 메모를 목차, 기획 취지, 타깃 고객·유저, 서비스 애플리케이션 등의 구체적인 기능, 프로모션 안건, 옵션 비교, 일정, 추진 체제, 필요 자금, 수지 상정 등으로 나눠서 펼쳐 간다. 이때는 조금 큰 책상에서 작업하면 수월하다.

가령 책상 왼쪽 끝에 표지, 옆에는 목차, 그 옆으로는 목차에 따른 각 장, 그리고 각 장별 페이지 순서로 늘어놓으면 된다. 왼쪽에서 오른쪽으로 펼쳐 놓으면서 일부 페이지는 조금씩 고쳐 쓰며 정리한다.

새로운 아이디어가 나오면 추가해 정리한다

책상 위에 늘어놓은 A4 메모를 보면서 새로운 아이디어가 떠오르면 또 쓴다. 구성 같은 것은 전혀 신경 쓰지 않는다. 만약 같은 내용이 2페이지로 나뉜 경우에는 1페이지로 모아서 수정한다. 부족하거나 뭔가 빠졌다 싶으면 바로 1페이지를 추가한다. 모두 1페이지에 1분 이내다. 버릴 때도 모두 1분 안에 쓴 내용이라 하나도 아깝지 않다. 쓰려고 마음먹으면 금방 다시 쓸 수 있다. 몇 페이지라도 쓸 수 있다.

정리할 때의 요점은 이 기획이 타깃 유저·고객에게 영향을 줄 수 있는가 없는가, 그들이 감탄할 것인가 아닌가 하는 것이다. 그러기 위해서는 처음부터 타깃 유저·고객이 누구인지 정확하게 결정해 둘 필요가 있다. 그런데 이것이 의외로 어려운데 몇 가지 이유가 있기 때문이다.

첫째, 대상을 누구로 하느냐의 문제는 이미 정해졌다고 쉽게 확신해 버린다. 실제로는 그렇게 명백하지 않고 팀에서 공유되지 않은 경우가 많다. 대략적으로는 맞더라도 구체적인 수준에서는 다른 경우가 많다.

내 생각과 팀원이나 파트너의 생각 사이에는 대부분의 경우 간극이 존재한다. 타깃 유저·고객은 당연히 이거라고 여기고 다시 명시하지 않아 그 차이는 아주 나중에야 알아차린다. 나는 '20대 여성'을 대상으로 해서 기획을 세웠는데, 팀에서는 '20대 후반부터 30대 여성과 40대 여성도 포함하는' 범위를 대상으로 했다거나 나는 '30대 남성'을 타깃으로 했는데, 팀에서는 '게임을 즐기는 20대 후반 남성'을 타깃으로 삼는 초보적인 실수도 충분히 일어날 수 있다.

두 번째는 대상을 좁히지 않는 것이다. '20대 여성'만으로는 타깃이 너무 광범위하다. '도시권에 사는 20대 여성으로 본가 거주'인지, '옷·화장품에 매달 몇 십만 원 이상 지출하는 20대 사무직 여성으로 나홀로 세대'인지에 따라 어떤 기획이 영향을 줄지 크게 달라진다.

세 번째는 애당초 타깃 유저·고객을 별로 고려하지 않은, 쉽게 말하자면 생각하는 자세가 결여된 근본적인 문제다. 아이디어를 내는 데만 정신이 팔려서 '누구에게'를 거의 생각하지 않는다. '왠지 재미있을 것 같다'는 선에서 멈추어 버린다. '구성 따윈 개의치 말고 생각나는 아이디어를 잇달아 쓴다'는 것과 '누구에게 재미있는 기획인지 생각하지 않아도 좋다'는 것은 별개의 문제다.

따라서 타깃 유저·고객은 대체로 이 정도라는 수준이 아니라 가능한 한 구체적으로 명확하게 정해 두어야 한다. 아이디어마다 주요 타깃이 달라지는 건 당연하다. 앞의 예시처럼 '누구나 영어로 얘기할 수 있는 새로운 영어 교육 기획'이라면 타깃 유저는 다음과 같이 예상할 수 있다.

- 영어를 유난히 좋아해서 열심히 공부하는 고등학생
- 영어로 의사소통을 하고 싶고, 유학도 염두에 두며 노력하는 대학생
- 몇 년 이내에 유학을 계획하고 있는 자기계발 의지가 강한 20대 사회인
- 아시아권으로 주재 근무가 결정 나서 갑자기 영어가 필수 사항이 된 30대 사회인
- 회사가 갑자기 외국 계열로 바뀌어서 상사에게 영어로 설명해야 하는 40대 사회인
- 영어 교육에 대한 관심이 급격히 높아져서 원활한 영어 회화 수업을 시작해야 하는 영어교사

각각의 학습 환경, 요구 사항, 쓸 수 있는 비용도 전혀 다르므로 구분해서 생각하지 않으면 타깃층에게 매력적으로 다가갈 수 없다. 당연히 영향력이 없는 기획이 되고 만다.

전체 균형을 잡는다

5~10페이지를 보충해서 쓰고 나면 다시 한 번 늘어놓고 본다. 다시 늘어놓으면서 이 순서와 내용이면 동료, 상사, 고객 혹은 투자자가 만족할까, 감동할까 생각해 본다. 확 와닿지 않으면 순서를 바꾸고, 새 메모를 써 넣으며 조정한다. 상사가 된 심정으로, 고객이 된 심정으로, 투자자가 된 심정으로 몇 번이고 훑어보고 상상하며 수정해 나간다.

한곳을 고치면 다른 곳도 고칠 데가 나온다. 그곳을 고치면 또 다른 곳을 고치게 된다. 그곳까지 고치고 다시 한 번 전체를 살펴보는 사이클을 몇 번 반복하다 보면, 위화감 없이 딱 들어맞는 흐름으로 기획안 내용을 완성할 수 있다.

메모 쓰기가 익숙해지면 여기까지 30분에서 1시간 이내에 가능해진다. 중요한 것은 머릿속 내용을 단숨에 밖으로 쏟아내고, 그것을 보면서 다시 새롭게 알아차린 것을 덧붙여 쓰고, 초고속으로 수정하며 완성해가는 과정이다.

메모를 보면서 양식에 맞춰 완성한다

기획서의 전체 틀이 잡히면, 드디어 일정 양식에 맞게 쓸 차례다. 책상 위에 늘어놓은 메모를 보면서 표지, 목차 페이지, 각 장 페이지를 만들어 간다. 페이지에 따라서는 제목뿐이거나 3~4줄뿐일 때도 있지만 신경 쓸 건 전혀 없다. 메모를 그대로 옮긴다.

그러는 중에도 생각한다기보다 책상 위에 펼쳐둔 메모를 보면서 양식에 맞게 잇달아 입력해 가는 느낌이다. 페이지를 만들고 해당 페이지에 그대로 옮겨 나간다. 30분 정도면 메모 내용을 전부 입력하고, 전체 구성을 완성시킬 수 있다.

이 시점에서 메모에 휘갈겨 썼던 것은 모두 문서에 들어간다. 참고로 메모 원본은 기록으로서 묶어서 일단 보존하지만, 다시 읽어 볼 필요는 없다. 모두 머릿속에 들어 있는 데다, 문서로 정리되어 훨씬 읽기 쉽고 내용 또한 체계적이기 때문이다.

그 후에는 목차와 각 장의 페이지를 다시 살펴보면서 각 페이지를 채워 넣는 작업을 시작한다. 일단은 메모를 그대로 입력한 내용을 보면, 좀 더 보충하고 싶은 아이디어가 잇달아 솟아난다. 그것을 최대한 반영해 나간다.

여기까지 오면 매우 순조롭게 진행되고, 스트레스 없이 기획서 작성이 진행된다. 전체 구성을 별로 신경 쓰지 않아도 개별적으로 아이디어를 정리하고 적어 나가는 과정에서 세부사항 또한 차츰 완성되어 간다.

기획서를 며칠간 숙성시키고, 꼼꼼한 수정으로 레벨업한다

일단 기획서를 완성하면 최소한 하루는 그대로 방치한다. 가능하면 여러 날 여유가 있으면 훨씬 좋다. 그동안에는 기획서가 일단 완성되어 있으니, '마감까지 무리해서 완성시켜야 할 부족한 페이지는 더 이상 없다. 다 썼다'는 상황에서 일단 다른 생각을 한다.

그러면 압박감 없이 어느 정도 객관적인 시각으로 바라볼 수 있다. 이때 '이 부분은 좀 이해하기 힘들겠지?', '아, 이렇게 하면 훨씬 좋아지겠군' 하고 알아채는 곳이 몇 군데나 생긴다. 그것을 이따금 수정하고 다시 방치한다. 이런 성숙 기간을 가지면 기획서의 질은 놀라울 정도로 향상된다.

맥킨지의 방식은 훨씬 공격적인데, 고객에게 프레젠테이션을 하기 일주일 전까지 철저하게 고민해서 프로젝트 보고서·제안서를 완성시킨다. 거기서 일단 무너뜨리고 재구성하는 과정을 넣기도 한다. 고객에게 충분히 보고할 수 있는 수준으로 완성시킨 후, 일단 무너뜨리는 것이다. 그렇더라도 기본적으로 필요한 분석, 필요한 조치 입안은 모두 종료된 상태라 불과 몇 시간 만에 기승전결을 결기승전으로 변경하거나, 문제점을 다시 파악하거나, 관점을 정리하는 등 다양한 수정이 가능하다.

이것은 문제 해결 절차와 고객과의 가장 효과적인 커뮤니케이션이 반드시 일치하지는 않는다는 사고방식에서 비롯된 것이다. 대부분의 경우 이런 작업을 통해 고객에게 훨씬 효과적으로 호소할 수 있는 보고서로 거듭 태어난다.

팀원이나 가족과
함께하라

메모를 쓰게 한다

 메모 쓰기는 혼자 실행하는 데서 만족하지 않고, 팀원 전원이 함께하면 더욱 큰 성과를 기대할 수 있다. 일단 팀 전체의 속도감이 올라간다. 1분 이내 1페이지를 목표로 삼기 때문에 모든 검토, 분석, 의사결정, 실행 속도가 향상된다. 대부분의 사람이 빠지기 쉬운 생각의 쳇바퀴가 크게 줄어든다. 책임이나 역할 분담 등의 문제로 결말 없이 입씨름만 계속하는 일은 거의 사라진다. 무엇보다 공통 언어가 형성되므로 의사소통이 빨라지고, 착오가 사라져서 매우 효율적으로 프로젝트를 진행할 수 있다.

 팀원 전원이 메모 쓰기를 하면, 팀 내에 충돌이 생길 것 같은 경우에도 각자가 메모를 쓰므로 미연에 방지할 수 있다. 설령 문제가 생겼다 해도 신속하게 해결할 수 있다. 요컨대 팀의 자력 재생 기능이 강화되어 단결력이 강해진다.

 기쁘고도 놀라운 일인데, 아이에게 메모 쓰기를 가르쳐도 좋으냐는 질문을 받은 적이 있다. 아버지가 메모 쓰기를 시작한 후, 초등학생 자녀와 아내에게 전수하기 시작했다는 것이다. 초등학생이라도 메모 쓰기는 충분히 할 수 있고, 초등학생 때부터 단련한다면 그 장래는 가히 기대할 만하다.

고민을 들으면서 메모를 써준다

 지금까지 설명한 메모 쓰기는 모두 자기가 직접 쓰는 것이다. 그런데 실은 남의 얘기를 들으면서 메모 형태로 써서 주면 '머리가 정리됐다', '신경 쓰였던 게 시원하게 풀렸다'며 감탄하는 경우가 많다. 대부분의 사람들은 마음이 정리되지 않아서 혼란스러워하기 때문이다.

 메모 쓰기를 한 달간 꾸준하게 하면, 거의 딴사람이라고 해도 좋을 만큼 과제 정리 요령이 향상된다. 상대의 이야기도 귀 기울여 듣게 된다. 들은 이야기를 잘 정리해 줄 수도 있다.

 이런 경우는 남의 얘기를 들으면서 요점을 받아 적는 형식이므로 시간은 딱히 서두르지 않는다. 혼란스럽거나 고민에 빠진 상대의 얘기에 귀를 기울이면서 요점을 하나씩 메모해 주는 것이다. 상대에게 메모를 써서 주면, 소극적인 마음, 부정적인 시선,

독단적인 결정과 고집 등이 어느 정도 완화된다. 그러고 나면 적극적이고 긍정적으로 나아가려는 태도와 자신감을 가지게 된다.

  애기를 들으며 쓴 메모를 상대에게 건넨다. 그러면 거의 대부분은 메모 쓰기에 관심을 보인다. 그럴 때 메모 쓰는 요령을 간략하게 가르쳐 주고, 가능하면 바로 몇 페이지쯤 써 보게 해도 좋다. 그 자리에서는 감정이 100% 드러나지는 않을 테니, 집에 돌아가서 10~20페이지 써 보라고 권하면, 틀림없이 메모의 효과를 더욱 생생하게 체감할 수 있을 것이다. 그와 동시에 메모 쓰기를 권한 당신의 주가도 부쩍 올라간다.

5

메모의 가치를 재발견하는 정리법

클리어파일에
나눠서 정리한다

 매일 메모를 쓰기 시작하면 분량이 꽤 많아진다. 모호한 머릿속 생각을 메모로 쓰는 것만으로도 효과는 충분히 크지만, 카테고리를 나눠서 정리하면 생각 정리에 훨씬 도움이 된다. 가장 효과적인 방법은 클리어파일에 주제별로 분류하는 것이다.
 매일 10페이지씩 메모를 쓰면 2주에 140페이지가 된다. 이것을 그냥 방치하면 수습할 수 없게 되니, 쓰기 시작한 지 4~5일쯤에는 5~10개 정도의 카테고리로 나누는 방법을 권한다.
 구체적으로는 A4용지 크기의 클리어파일을 준비하고 주제별로 라벨을 붙여서 정리한다. 파일 밑에서 3센티미터 정도 떨어진 위치에 라벨을 붙인다. 아래 여백을 조금 두는 이유는 너무 바짝 붙이면 파일 내용물이 두꺼워졌을 때 이름 라벨이 벗겨지기 때문이다. 파일 이름은 볼펜이 아니라 매직을 사용해서 알아보기 쉽게 쓴다. 카테고리는 관심을 갖고 메모를 많이 쓰는 분야별로 나누면 활용하기 쉽다.

 내 경우는 다음과 같으며, 프로젝트마다 별도 파일이 있다.

 ① 장래 비전, 하고 싶은 일
 ② 타인과의 커뮤니케이션
 ③ 팀 매니지먼트
 ④ 새로운 아이디어
 ⑤ 생각한 것
 ⑥ 정보수집
 ⑦ 들은 이야기
 ⑧ 회의

 ① '장래 비전, 하고 싶은 일'에는 앞으로 하려고 생각하는 것, 하고 싶은 것, 어떻게 하면 현상을 타개할 수 있을지 고민한 것 등에 관해 쓴 메모를 넣었다. 마음의 지침이 될 만한 내용으로 메모가 완성된다.

 ② '타인과의 커뮤니케이션'은 내가 제일 신경 쓰는 주제이다. 회사 동료나 타사 사람과 어떻게 효과적으로 소통할 수 있을지

늘 고민했다. 최대의 관심사는 어떻게 하면 상대의 얘기에 깊은 관심을 갖고, 재빨리 의기투합할 수 있느냐는 점이다. 잘될 때도 있지만, 회의가 시작되자마자 '아, 큰일이다. 이 사람하고는 도무지 커뮤니케이션이 안 되네'라는 느낌이 들어서 어떻게든 빨리 끝낼 궁리만 할 때도 있다. 그런 회의를 한 후에는 메모를 더 많이 썼다. '어떻게 하면 좀 더 상냥하게 대할 수 있을까' 하는 것도 내게는 중요한 테마 중 하나다.

③ '팀 매니지먼트'는 내가 맥킨지에 입사하자마자 매우 중요한 테마가 되었다. 컨설턴트 경험이 거의 없는 상황에서 4~6인 정도 되는 클라이언트 팀을 효율적으로 운영해 나가며 막대한 양의 분석과 인터뷰를 실시하고, 회사 실적을 대폭 개선하는 안건을 제안해야 했다. 4년째부터는 LG그룹의 경영 개혁에 돌입했는데, 10개 이상의 프로젝트를 병행하며 각각의 맥킨지 멤버, 클라이언트 팀원이 잇달아 성과를 낼 수 있는 환경을 조성해야 했다.

벤처 창업과 경영지원을 주로 하는 지금도 벤처의 팀 매니지먼트와 생산성 향상, '이기는 팀 만들기'는 영원한 과제다. 그래서 많은 생각을 하고 아이디어를 떠올린다. 또한 '아, 그렇게 했으면 좋았을걸' 하고 반성할 때도 많다.

④ '새로운 아이디어'와 관련해서는 문자 그대로 비즈니스 혹은

이렇게 하면 좋겠다 싶은 새로운 아이디어가 떠올랐을 때 재빨리 메모를 쓴다. 왜 나는 그 생각을 하지 못했을까, 어떻게 하면 생각했을까 하는 내용도 잇달아 쓴다. 새로운 아이디어를 큰맘 먹고 실행하는 사람과 그것을 보고 내 생각이 바로 저거였다고 말하는 사람, 그리고 나도 생각해 낼 수 있었다며 애석해하는 사람 사이에는 큰 차이가 분명 있겠지만 개의치 않고 메모에 써 나간다. 그런 관점으로 보면, '새로운 아이디어와 관련된 이것저것'이라는 표현이 더 맞을지도 모르겠다.

⑤ '생각한 것'이라고 이름 붙인 까닭은 위에서 쓴 것 외에 뭔가 떠오른 것, 신경이 쓰이는 것을 자주 메모하기 때문이다. 어떻게 하면 업무 성과를 좀 더 올릴 수 있을까, 전자책의 미래는 과연 어떻게 될까, 영어를 잘하려면 어떻게 해야 할까 등 광범위한 내용을 다루고 있다.

⑥ '정보수집' 파일에는 정보수집 방법, 효율적인 정리 방법, 수집한 자료를 분석하는 방법, 효율적이거나 비효율적이었던 점 등을 모두 썼다. 정보수집에 관해서 생각한 것, 신경 쓰였던 것 등에 관한 메모 역시 모두 넣어둔다. 정보수집을 별로 중요하게 여기지 않는 사람이 많은데, 머릿속 생각과 다양한 지식을 정리하는 데 큰 도움이 된다.

매일 아주 짧은 시간으로도 효과적으로 정보를 수집하고, 그것을 활용하는 방식에 따라 성장에 큰 차이가 있다. 따라서 나는 정보수집과 관련된 메모를 자진해서 자주 써왔다. 이 분야는 생산성을 높이는 새로운 서비스가 잇달아 발표되어서 그때마다 방법론을 조금씩 수정할 필요가 있다. 잠깐만 방심해도 매우 안타까운 사태가 발생하며, 훨씬 효율적인 방법이 이미 보급되어 있기도 하다.

⑦ '들은 이야기'는 이 책에서 설명한 메모 쓰기 방식은 아니다. 회식이나 강연 때 좋은 이야기를 들으면, 나는 반드시 A4용지에 빠짐없이 메모했다. 이것은 세상에서 일반적으로 말하는 메모인데, 상대의 이야기를 가능한 한 일언일구도 빠뜨리지 않고 적는다. 따라서 이런 경우에 한해서는 A4용지 1페이지에 4~6줄이 아니라 위에서 아래까지 빽빽하게 쓴다.

구체적으로 A4용지 가로쓰기는 같지만 반으로 나누어 왼쪽 절반 위부터 아래까지 써서 다 채워지면, 오른쪽 위부터 같은 방식으로 계속 써 나간다. 밀도 있는 내용이라 매우 빠른 속도로 써 나간다. 1시간짜리 강연일 경우 3~5페이지가량 된다. 중요한 포인트는 확실하게 받아 적는다.

회식이나 모임에서는 메모를 쓰는 게 쉽지 않다. 메모를 쓰면 상대가 경직되어 얘기가 중단되거나, 분위기상 도저히 쓸 수 없는 상황도 있다. 그럴 때는 집으로 돌아가는 전철 안에서 기억을 떠올리며 5~7페이지 정도로 재현했다. 몇 번씩 반복하는 사이에 중요한 얘기는 거의 빠짐없이 메모로 적을 수 있게 되었다. 회식은 대개 2시간을 넘기는 게 일반적이라 분량이 꽤 된다. 단, 숫자만은 나중에 기억이 애매해질 염려가 있어서 도중에 화장실에 가서 메모해 두었다. 아무래도 코앞에서 숫자를 받아 적으면 모처럼의 유용한 얘기가 중단되기 때문이다.

따라서 '들은 이야기' 파일은 지혜의 보고인 셈이다. 조금 의외의 분류법일지 모르지만 꽤 편리한 방법이다. 이것에 한정되진 않지만 뭔가를 분류할 때 '기타'를 만들어 두면 망설일 일이 별로 없다. '들은 이야기'는 '기타'는 아니지만, 그 광범위한 폭으로 융통성을 발휘할 수 있다.

⑧ '회의' 파일에 넣는 메모는 '들은 이야기'의 메모와 같은 방식을 쓴다. 몇몇 협의와 회의에 참석할 때마다 기록해 둘 필요가 있는 내용을 간단히 적어둔다. 프로젝트 메모나 자료는 양이 많기에 관련 파일에 따로 정리하지만, 훨씬 단발적인 것은 이쪽 파일에 넣는다. 종종 회의에서 A3 자료를 배포할 때가 있다. 그럴 경우에는 겉면을 바깥으로 해서 반으로 접은 후, 그대로 해당 A4 크기의 파일에 넣어 보관한다.

파일 분류를 재검토한다

파일 분류는 일단은 앞에서 기술한 추천 방식을 택하거나 취향에 따라 조금씩 변화를 줘도 상관없다. 메모가 100페이지를 넘어설 즈음이면 문제의식, 처한 환경, 요구 등에 따라서 파일 분류법이 조금 적절하지 않은 느낌을 받을 때가 있다. 매일 밤 자기 전에 메모를 파일에 나눌 때, 어느 파일에 넣을지 망설여지는 메모가 몇 번씩 나온다면 그것이 바로 신호다.

예를 들면 다음과 같다.

1. '팀 리더십'과 '팀 매니지먼트'라는 파일을 따로 만들었는데
2. 메모를 어디에 넣을지 망설여지는 일이 몇 번이나 생기고
3. '리더십'과 관련된 제목이 늘 떠오르고 그런 내용의 메모를 대량으로 쓴다면

'팀 리더십'과 '팀 매니지먼트' 두 파일을 합하고, 이름을 '리더십'으로 수정한다. 두 파일에 나뉘어 있던 메모를 모두 꺼내서 날짜순으로 다시 정리해서 새 파일에 넣는다. 다시 말해 '팀 리더십'과 '팀 매니지먼트'가 중요한 키워드라 분류할 생각이었지만, 사실상 머릿속에서는 명확히 구분되지 않았다는 뜻이다. 그날부터 메모를 더 써 나가면서 '리더십' 파일에 망설임 없이 넣을 수 있다면 새로운 파일 분류는 정답이다.

또한 파일 한 개를 둘로 나누는 경우도 있다. '팀 매니지먼트' 파일에 넣어둔 메모가 부하 직원 매니지먼트와 프로젝트팀 매니지먼트로 나뉘어서 매번 파일에 넣을 때마다 '아, 이건 부하 직원 매니지먼트로군', '이쪽은 프로젝트팀 매니지먼트겠지'라고 계속 느낀다면 두 개로 나누는 게 좋다.

또한 파일 분류는 망설여지지 않는데 왠지 파일 이름이 선뜻 와닿지 않을 때도 있다. 그런 경우는 재빨리 바꿔 쓴다. 예를 들어 '리더십'이라는 파일명으로 시작했더라도 대부분의 메모가 사장 리더십과 관련된 경우, '사장 리더십'이라고 표현하는 게 훨씬 적합하다. 그런 생각이 들었다면 바로 변경한다.

'타인과의 커뮤니케이션'이라는 카테고리에 남을 대하는 방식, 관계 구축과 관련된 메모가 몇 장쯤 늘어나고 앞으로도 늘어날 것 같으면, 약간의 점검을 거쳐서 '타인을 대하는 방식과 커뮤니케이션'이라는 이름으로 변경할 때도 있다. 따라서 파일 라벨을 고를 때는 약간의 요령이 필요하다. 파일 이름을 몇 번쯤 변경할 필요가 생기므로, 필요할 때마다 붙이고 말끔하게 떼어내기 쉬운 라벨을 쓰는 게 좋다.

이 같은 사소한 작업이 실은 머릿속 정리와도 상당한 연관성이 있다. 책상 위가 어지러운 게 더 안정된다는 사람도 있지만 나는 되도록 정리해 두는 편이다. 그래서 물건 찾는 시간이 거의 들지 않는다. 자료 역시 대체로 몇 초 안에 나온다. 파일은 중요한 열쇠와 같아서 명확하게 분류해야 한다. 매일 쓰는 메모 역시 몇 가지 주제로 쉽고 확실하게 나누고, 그 외 다양한 문제는 언제든 다시 점검할 수 있도록 모아둔다.

이런 과정을 거쳐 파일 분류가 안정화되면 추후에 거의 변경할 필요가 없다. 문제의식과 상황, 대처법 등을 쓴 메모가 파일 중 어딘가에 착착 들어맞는 느낌이 들기 때문이다. 이직, 승진, 역할 변경 등이 생겼을 때 또다시 점검할 필요가 생기지만, 처음부터 주제별로 잘 정리해 두면 비교적 쉽게 재분류할 수 있다. 눈앞에서 직접 파일을 정리하는 과정을 통해 분류 점검 노하우가 확립된다고도 할 수 있다.

또 새로운 업무나 관계가 시작될 때는 새 파일을 만들길 권한다. 내 경우를 예로 들자면, '클린테크'와 '3D프린터' 등이다. 양쪽 다 새로운 활동을 시작한 시점에서 파일을 만들었다. 어떤 일이든 아주 순조롭고 막힘없는 작업이 될 것이다.

메모,
그 후

　클리어파일은 책상 한쪽 모서리에 쌓아둔다. 매일 밤 자기 전에 그날 쓴 메모 10페이지를 파일에 넣어두는 것만으로도 순식간에 정리가 끝난다. 파일이 두꺼워지면 일련번호를 붙이고, 오래된 파일은 따로 보관한다. 책상 모서리에 쌓아두는 분량은 많아도 3~4권 정도다. 그 이상이 되면 다루기가 조금 버겁다. 클리어파일에 따라서는 일부 들고 다니는 경우도 있겠지만, 대부분은 책상 위에 놔두어도 된다.

　주의해야 할 점은 남의 눈에 띄지 않게 하는 것이다. 메모에는 불만이나 문제의식이 고스란히 드러나 있다. 다른 사람의 이름도 쓰여 있다. 직원이나 가족이 볼 가능성이 있는 경우는 안전하게 넣어두어야 한다.

메모 보관 방법

매일 10페이지씩 계속 써 나가면 6개월에 1800페이지, 1년이면 3600페이지가 된다. 이것은 자기 성장의 증거가 되므로 절대 버리지 말고 모아두는 게 좋다. 나중에 설명하겠지만, 메모는 쓰기 시작한 지 6개월이 지나면 더 이상 되돌아볼 필요는 없다. 이미 메모의 존재 자체가 축적된 사고의 증거이자 자신감의 원천이 되기 때문이다.

클리어파일에 300페이지 정도 들어가므로 3600페이지면 클리어파일 12개 분량이 된다. 한곳에 쌓아두면 많은 공간을 차지하지 않는다. 나는 과거 메모를 모두 종이상자에 넣어서 보관한다. 책꽂이 위에 올려두면 그다지 방해가 되지도 않는다. 물론 공간 문제도 있겠지만 가능하다면 권장하고 싶은 방법이다.

평소에는 다시 들춰보지 않는다

클리어파일에는 매일 쓰는 새 메모가 위에 오도록 정리한다. 평소에는 점검할 필요가 전혀 없다. 주제별로 파일에 넣을 뿐이다. 비슷한 제목이 떠오르면 그때 다시 쓴다. 주저하지 말고 다시 쓴다. 고작해야 1분이니 머릿속 생각을 모두 쏟아내는 게 좋다.

이미 기술했듯이 전에 어떤 내용을 썼는지 점검하지 말고 새롭게 다시 쓰는 게 좋다. 제목이나 본문 내용이 비슷하거나 다를 수 있지만 전혀 상관없다. 애당초 비교할 것도 아니니 아무 문제없다. 신경 쓰이는 주제나 제목에 관해 몇 번이고 반복해서 쓰는 것이 실은 가장 중요한 연습인 셈이다. 그때마다 모호한 생각이 언어화되고, 표현되고, 눈으로 확인되기 때문에 사고는 깊어지고 언어는 더욱 구체화된다.

신경 쓰이는 주제나 화제는 몇 주에서 몇 개월에 걸쳐서 5, 6회 내지 10회 이상 쓸 때도 있다. 그 정도 쓰면 내용을 완전히 파악해서 매우 명료한 상황이 된다. 머릿속이 완전히 정리된다.

맥킨지에 들어갔을 당시, '인터뷰를 어떻게 할 것인가?', '인터뷰 결과를 어떻게 잘 정리할 수 있을까?', '클라이언트 팀 매니지먼트를 어떻게 할 것인가?', '보고서를 정리하려면?' 등의 주제를 몇 번이고 되풀이해 쓰면서 정정해 나갔다. 그렇게 함으로써 스스로 컨설팅의 기본 기술을 하나하나 터득할 수 있었다. 이 과정을 통해 최선책을 이해하고 빠른 속도로 기술을 향상시켰다.

3개월에 한 번 파일을 정리하며 쭉 훑어본다

카테고리별로 메모를 집어넣은 클리어파일은 그냥 쌓아나가면 된다. 머릿속의 모호함을 모조리 쏟아내고, 또는 쓸어냄으로써 이미 충분한 효과를 얻었기 때문이다. 일일이 다시 점검하지 않아도 그냥 계속 써 나가면 두뇌 회전이 빨라지고, 사고 역시 깊어진다.

단, 자기의 성장 과정을 확인하기 위해서라도 3개월에 한 번쯤은 쭉 훑어보면 좋다. 아마 새로 쓴 메모가 가장 위에 있을 것이다. 가장 오래된 것을 위로 올려 날짜별로 다시 배열한다. 몇 분이면 가능하다. 그런 다음 몇 분 안에 훑어보면 그만이다. 그 정도면 충분하다.

파일들을 모두 똑같은 방법으로 정리하면서 쭉 훑어본다. 매일 10페이지씩 3개월을 쓰면 900페이지다. 그것을 한 번 보는 것만으로도 대단한 성취감이 느껴진다. '어? 그 무렵에 이런 생각을 했나. 이런 고민도 했군' 하는 발견이 다수 보일 게 틀림없다. 혹시 매일 쓰는 분량이 3, 4페이지라면 3개월에 300페이지 정도인데 그것만으로도 다양한 발견이 있게 마련이다. 지난날을 돌아보면서 그날부터는 매일 10페이지씩 쓰기로 결심해 주길 바란다.

6개월 후에 다시 한 번 점검한다

다음 3개월 후, 즉 메모를 쓰기 시작한 지 6개월 후에 또다시 추가된 메모를 정리하고, 지난번에 읽은 부분을 다시 한 번 점검한다. 그렇게 하면 대부분이 확실하게 머릿속에 들어와서 놀라게 될 것이다.

메모에 따라서는 누가 이렇게 멋진 말을 썼나 싶을 정도로 설득력 있고 잘 정리된 내용인 경우도 있다. 그 누구도 아닌 자기 손으로 쓴 것이다.

3개월 후에 읽고, 6개월 후에 다시 읽어봄으로써 무슨 고민을 했는지, 어떻게 하기로 결정했는지, 그 후 어떻게 전개되었는지 모든 것을 파악할 수 있다. 지나온 과정을 되돌아볼 수 있다. 그 후로는 점검이 거의 필요 없다. 요컨대 모든 메모는 3개월 후에 한 번 6개월 후에 한 번, 이렇게 총 두 번만 되풀이해 읽으면 그 후에는 원칙적으로 다시 읽을 필요는 없다. 글로 썼을 때 가장 큰 가치가 있는 것이며, 두 번의 다시 읽기로도 깊은 음미가 가능하기에 그 정도면 충분하다.

맺음말

'사람들은 왜 깊이 생각하지 못할까?'로 시작해서 지금까지 어디에서도 언급된 적이 없었던 정말로 유익한 사고 트레이닝에 관해 기술했다. 사람이 본래 타고난 사고력이 얼마나 저해되고 있나, 어떻게 하면 그 능력을 원활하게 이끌어 낼 수 있나 하는 관점에서 스스로 몇만 페이지를 써 보고 몇천 명 이상의 분들에게 전수해온 방법이다.

대다수의 사람들은 정리하려고 하면 머리가 잘 돌아가지 않는다. 정리하려 하지 말고, 생각하려고도 하지 말고, 느낀 그대로를 메모에 쏟아내면 사고는 얼마든지 진전될 수 있다고 설명했다.

그 궁극적인 방법이 바로 '메모 쓰기'다. 생각하기에 대한 막연함이 사라져서 현상 파악, 과제 정리, 실제 행동에 관한 아이디어가 저절로 떠오르게 된다. 매일 10페이지씩 몇 개월간 메모를 계속 써 나가면, '0초 사고'라 말했던 빠른 사고의 감각까지 차츰 이해하게 될 거라 믿는다.

메모 쓰기의 유효성은 한 언어에 한정되지 않는다. 어떤 언어라도 완전히 똑같은 방식이다. 일단 쓰기만 하면 모두가 성장할 수 있고, 적극적인 자세로 삶의 태도까지 변화될 수 있다.

앞으로도 한 사람이라도 더 많은 분이 메모 쓰기를 시작해서 늘 산뜻한 기분으로 말끔하게 일 처리를 하고, 개인 삶도 충실하게 보낼 수 있기를 바란다.

— 아카바 유지(赤羽雄二)

1분 메모의 힘

초판 1쇄 발행 2025년 4월 25일

지은이 아카바 유지
옮긴이 이영미
펴낸이 최현준

편집 홍지회, 강서윤
디자인 홍민지

펴낸곳 빌리버튼
출판등록 2022년 7월 27일 제 2016-000361호
주소 서울시 마포구 월드컵로 10길 28, 201호
전화 02-338-9271
팩스 02-338-9272
메일 contents@billybutton.co.kr

ISBN 979-11-92999-79-1 (03190)

· 이 책은 저작권법에 따라 보호를 받는 저작물이므로 무단전제와 무단복제를 금합니다.
· 이 책의 내용을 사용하려면 반드시 저작권자와 빌리버튼의 서면 동의를 받아야 합니다.
· 책값은 뒤표지에 있습니다. 파본은 구입하신 서점에서 교환해 드립니다.
· 빌리버튼은 여러분의 소중한 이야기를 기다리고 있습니다.
  아이디어나 원고가 있으시면 언제든지 메일(contents@billybutton.co.kr)로 보내주세요.